# 棋坛超星 申真谞 自战解说

〔韩〕申真谞 著

黄 焰 译

青岛出版集团 | 青岛出版社

图书在版编目（CIP）数据

棋坛超星：申真谞自战解说 / (韩) 申真谞著；黄焰译. -- 青岛：青岛出版社, 2025. -- ISBN 978-7-5736-3317-0

Ⅰ.G891.3

中国国家版本馆CIP数据核字第2025GT1490号

# 棋坛超星　申真谞自战解说
［韩］申真谞　著

| 翻　　译 | 黄　焰 |
| --- | --- |
| 出版发行 | 青岛出版社 |
| 社　　址 | 青岛市崂山区海尔路182号（266061） |
| 本社网址 | http://www.qdpub.com |
| 邮购电话 | 0532- 68068091 |
| 责任编辑 | 陈卉敏 |
| 特约编辑 | 吴清波 |
| 照　　排 | 青岛乐喜力科技发展有限公司 |
| 印　　刷 | 青岛新华印刷有限公司 |
| 出版日期 | 2025年6月第1版　2025年6月第1次印刷 |
| 开　　本 | 16开（710毫米×1000毫米） |
| 印　　张 | 14.25 |
| 字　　数 | 200千 |
| 书　　号 | ISBN 978-7-5736-3317-0 |
| 定　　价 | 68.00元 |

编校印装质量服务电话　4006532017　0532-68068050

编校印装质量服务

我终于出版了第一本书，内心激动万分，仿佛发现了人生中那独一无二的妙手。

今年年初在"农心辛拉面杯"世界围棋团体锦标赛上获胜时，很多人都为我感到高兴，那也是我围棋生涯中最激动的时刻之一。

然而，"围棋的热度已不如以往"的说法不绝于耳，尤其是与中国相比，韩国围棋似乎逐渐失去了昔日的中心地位，开始走下坡路。

作为职业棋手，我深知取得优异成绩固然重要，但推动韩国围棋的发展更是重中之重，我必须为此付出更多努力。正是出于这样的责任感，我决定出书。尽管文字尚显稚拙，我仍希望通过讲述自己的围棋故事，为韩国围棋的发展略尽绵薄之力。

每个人的成长之路都充满坎坷。我能走到今天，也经历了无数起伏与磨砺。一路走来，我不断挑战自我、突破极限，在磨砺中收获感悟。如今，我期待这些点滴体会能为他人在追寻自我道路的旅程中带来一丝启发和力量。

回忆童年往事，心中不禁涌起无尽的感恩。若没有韩国围棋的历史积淀、众多师长的谆谆教诲、同行棋手的激励以及家人的全力支持，我绝不可能登上世界第一的巅峰。若这本书能让更多人关注韩国围棋，并让那些曾与我并肩前行的人们获得应有的认可与关注，那将是我的莫大荣幸。

以我尚不算漫长的人生而言，能有机会出版一本书，实属意外之喜。而在接踵而至的重要赛事中抽身写作，若说毫无压力，那绝非实情。然而，正是因为众多朋友的热忱相助，这本书才能最终问世。

谨向所有帮助我出版这本书的人，致以最深的谢意。

2024 年 7 月

申真谞

# 目录

## 壹 职业棋手的人生

第25届『农心杯』关键之战 / 11

## 贰 职业棋手之道

存在即学习 / 67

AI，既是朋友，也是师长 / 72

我在AI时代的妙手 / 77

最大的敌人是自己 / 88

『LG杯』最糟糕的一手！ / 93

唯有极致的渴望，才能赢 / 98

不是生活中有围棋，而是围棋就是生活 / 102

与负面情绪做朋友 / 106

因杂念败北的『三星杯』决赛 / 111

职业之弈，身力为先 / 116

## 叁 是围棋，塑造了今日的我

釜山少年走上职业棋坛路 / 125

互联网重塑我的围棋之路 / 132

父子棋途，步步艰难 / 137

一切始于真正地努力 / 144

跨越高墙 / 149

是他成就了我，我也成就了他 / 157

「农心杯」与柯洁的对局 / 161

正是他们，让韩国围棋闪耀 / 169

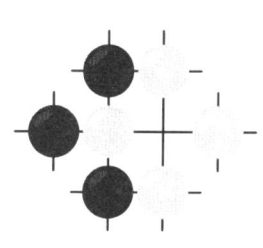

## 肆 「下一盘围棋吗？」

与围棋强国中国共生共荣 / 177

遇见李轩豪九段 / 181

从今天开始，下一盘棋吧 / 187

让更多人共享围棋之乐 / 192

李昌镐 vs 申真谞——首次对局 / 197

## 伍 我想成为一枚指南针

我想成为一枚指南针 / 205

没有围棋，我会是谁？ / 210

尽我所能，回报所得 / 215

## 后记

直到与「围棋之神」击掌的那一天 / 218

# 壹

## 职业棋手的人生

一场能看到终点的旅程,与一场看不到尽头的征途,其艰辛程度不可同日而语。

2024年2月，上海。

这个二月的暖意让人难以相信仍是冬季。最后一局对弈前，我漫步在酒店前的林荫步道上，微微犹豫着究竟是该披上外套，还是干脆脱下它。然而，这样的琐碎念头很快被即将到来的对局冲散——"农心辛拉面杯"世界围棋团体锦标赛（简称"农心杯"）第三局的较量迫在眉睫。

在众多围棋赛事中，"农心杯"以其独特的赛制备受瞩目。该赛事采取国家围棋队对抗的形式，由韩国、中国、日本三国各派五名棋手参赛。赛制规则十分严苛——每轮胜者继续迎战其他国家的棋手，直至将对手全部淘汰，方能为本国赢得最终胜利。

本届"农心杯"的形势对韩国队而言极为不利，偰炫准八段、卞相壹九段、元晟溱九段、朴廷桓九段四位队友已全部出局，留在赛场上的棋手只剩下我一人。而我的对手，则是四名中国棋手和一名日本棋手。如果韩国队想要夺冠，我必须连胜五场，将他们全部击败。

这五位棋手，个个都是世界顶级围棋强者。代表日本的井山裕太九段实力深厚，而中国队更是阵容豪华——赵晨宇九段、柯洁九段、丁浩九段、辜梓豪九段，全都是当今世界围棋排名前列的顶尖高手。

自从成为职业棋手以来，我已历经近千场对局，但面对如此严峻的局面尚属首次。

好在我的状态正佳。在"农心杯"开赛前，我刚刚在第28届"LG杯"世界围棋棋王战（简称"LG杯"）中夺冠，信心十足，感觉无论面对怎样的对手都能应对自如。我的备战方式虽然简单，但极为高效——与几位韩国顶尖棋手对练，将状态调整到最佳后，直接奔赴中国参赛。

尽管如此，我真的能连胜五局吗？

人们常说，"农心杯"的赛制宛如一场游戏，棋手仿佛身处游戏之中，棋手只有不断取胜，才能继续挑战，直到败北才轮到下一位队友上场。这种"最终Boss"般的设定的确令人兴奋。然而，真正置身这一位置的人，内心的压力却远非旁观者所能想象。

小时候，我常玩电脑游戏。每逢最后一关，都会遭遇那个最强大的Boss。无论被打倒多少次，它总能复活，击败所有前来挑战的玩家。那么，站在最终关卡、眼看着主角步步逼近的Boss，心中究竟是何感受？

游戏与现实的最大区别在于，游戏里的Boss最终要将王冠拱手让给主角，而现实中的"最终Boss"却是那个奋力夺取王冠、捍卫荣耀的人。正如2005年"农心杯"比赛中，李昌镐九段以一己之力扭转乾坤，守住韩国队的胜利。

在互联网上流传的围棋照片中，哪一张最具代表性？坦白说，围棋并非易于诞生"名场面"的领域。照片中的画面往往是棋手身穿素色服装，神情专注地凝视棋盘，或是棋盘上黑白棋子密布，静谧而深沉，难以捕捉激动人心的瞬间。

然而，即使对围棋知之甚少的人，也一定见过这样一张照片——李昌镐九段击败所有信心满满的中国棋手，独自走出赛场的画面。那是一次奇迹般的五连胜，他凭借一己之力助韩国队夺冠，完美诠释了现实中"最终 Boss"的王者风范，令人叹服。

那一年，我才五岁，刚刚接触围棋。彼时的我，并不理解李昌镐九段这张照片背后的深意。然而，随着时间的推移，当我真正了解那场比赛的始末，那份震撼仿佛亲身经历般直击心底。那时的李昌镐九段，已过了棋手生涯的巅峰期。尽管如此，他依然接连战胜中国、日本的顶尖棋手，摘得桂冠，这无疑是一项了不起的成就。

如今，我是否也能像李昌镐九段那样创造奇迹呢？比赛开始前，我无法给出确切答案。我唯一能做的，就是全力以赴地对待每一盘对局。

"农心杯"的赛场气氛热烈高涨。对局室外挤满了中国棋迷和记者，我深切感受到这项赛事对中国棋迷的意义非凡，他们的关注与热情远超一般比赛。

赛前，我拿到了中国队的对阵名单，几乎与我的预测一致。唯一的变数是柯洁九段，他是我认为中国队中经验最丰富、与我交手次数最多的棋手。他究竟会在何时登场，仍是个未知数，但可以确定的是，他绝不会轻易提前亮相，而从第三局起，无论被安排在何种顺位，他都有充分的理由出战。这就是柯洁九段的存在感，他随时可能成为决定整场比赛胜负的关键人物。

在"农心杯"开赛前，我仔细分析了即将面对的对手。毫无疑问，比赛的胜负关键在于与中国队的几场较量。中国队整体实力雄厚，高手云集，每位棋手都极具竞争力。因此，在上海与中国队先锋赵晨宇九段的这场对决，很可能成为整届赛事走势的分水岭。

一盘棋的胜负，不仅取决于对局者的棋力水平，气势同样至关重要。彼时的赵晨宇连战连捷，状态正佳，更重要的是，他的行棋风格以中后盘稳健著称，无论面对何种对手都鲜有破绽显露。

然而，连胜有时反而可能成为棋手无形的心理负担。连胜固然令人自豪，却也可能让人不自觉地放松警惕。毕竟作为凡人，在接连获胜后，难免会萌生"赢了这么多，偶尔输一场也无妨"的念头。而正是这种微妙的心理波动，往往成为胜负的关键转折点。赵晨宇近期的状态势如破竹，他能否始终保持高度专注，避免在不经意间降低对自己的要求呢？这将成为他此战的一大考验。

若果真如此，我必须牢牢抓住这个机会。但即便战胜赵晨宇，前方仍有四位中国棋手严阵以待。若能拿下此局，不仅能缓解自身的心理压力，还会让中国队的压力随之倍增。因此，我不仅要赢，更要掌控比赛的节奏，确保自己始终占据主动，让胜利的天平向我倾斜。

实际上，我的赛程异常密集。除了"农心杯"，我还需应对其他重要赛事，几乎每天都有一场关键对局，每一局都需要我全力以赴。这让我在准备"农心杯"时倍感压力，但我选择相信自己，调整状态，以最佳的竞技状态迎战每一局棋。

在中国举办的"农心杯"，五场比赛将在五天内接连进行。为保持最佳状态，我严格遵循固定的作息与备战模式。抵达中国后，我与韩国国家队总教练洪旼杓同行，每天上午10点40分与他共进早餐，随后调整身心，投入赛前准备；比赛结束后，晚上6点用餐，之后在酒店及赛场附近散步一小时；晚上8点，我们复盘当天的棋局，有时也会借助AI

深入研究，为次日的比赛做好充分准备。

这是一场至关重要的较量，我必须保持心态平稳。为避免外界干扰，我尽量摒弃一切与围棋无关的杂念，甚至连饮食都刻意简化，固定选择咖喱饭与韩餐，以减少琐事对专注力的消耗。我希望将全部精力倾注于棋局之中。

这段时间，洪旼杓教练始终陪伴在我身旁，给予我坚定的支持。他几乎形影不离，甚至让我感到有些"过于贴身"，但正是这种近乎无间的陪伴，使我在"输一局即淘汰"的巨大压力下，仍能保持相对放松的心态。无论是赛前散步，还是用餐时的交谈，他总能如朋友一般与我畅谈，让我感受到温暖与安定。

比赛期间，我几乎每天都会前往教练房间进行赛前准备。某天，我带着笔记本电脑搭乘酒店电梯前往教练房间时，竟与柯洁相遇。那一刻，我略感尴尬，仿佛自己埋头钻研的模样被他撞破。然而，在世界级棋手面前，谁又能在赛前悠闲自得地享用晚餐呢？

在上海的首场比赛，我的对手是日本围棋领军人物——井山裕太九段。过去，我在正式比赛中从未输给过日本棋手，因此面对日本队时，我总能比平时多一分自信。

比赛于下午3点开始。从序盘起，我便成功掌控局面，至第110手时，胜势已基本确立。最终，在第165手时，井山裕太投子认输。这场胜利让我确信韩国队至少不会垫底，心头稍感轻松。但我深知真正的挑战才刚刚开始。

接下来的比赛，皆是与中国棋手的交锋。赵晨宇九段、柯洁九段、丁浩九段……几场对局总体顺利，我均成功获胜。尤其是对阵赵晨宇的一战中，我下出了颇为满意的棋局内容，这让我开始看到胜利的曙光。若对赵晨宇这场赢得过于艰难，或仅因对手的失误侥幸取胜，我恐怕难有如此信心。

我坚信自己可以做到。

一场能看到终点的旅程，与一场看不到尽头的征途，其艰辛程度不可同日而语。

"农心杯"之旅起初仿佛笼罩在迷雾之中，但随着比赛的推进，形势逐渐明朗。尽管中国最强的棋手仍在前方阻挡，我只需一步一步向前迈进。

第三场比赛，我战胜柯洁九段，这让我感到比赛的走势开始向我倾斜。我能察觉到中国队的焦虑——他们或许未曾料想到的事态，正逐渐变为现实。

曾几何时，我也视柯洁为难以逾越的高墙，然而这一次，我对自己充满信心。自2021年起，我已对他取得六连胜，胜负的天平已向我这边倾斜。这种信念，最终化为胜利的果实。

第四场对阵丁浩九段，从序盘起，我便对对方大龙展开猛攻，最终成功获胜。连日鏖战让我身心俱疲，但在连胜的喜悦下，这些疲惫似乎一扫而空。

最后一场比赛前，上海天气突变。我初到时，最高气温近20℃，然而比赛前夕，风雨突至，气温骤降。午餐后，我穿上厚厚的羽绒服，与洪教练一同散步，一遍遍调整心态，告诫自己必须稳住。

最后的对手是当时中国等级分排名第一的棋手——辜梓豪九段。那盘棋，他试图以复杂局面扰乱我的思路，而我则被这场决定"农心杯"

归属的压力与连日作战的疲惫所困扰。身心的双重负荷最终导致我出现了致命失误。辛梓豪敏锐捕捉到我的漏洞，不放过任何机会。随着棋局进入中盘，我的形势逐渐变得不利。

我不甘就此罢休，拼尽全力寻找翻盘的机会。每落一子，眼前的局势便明朗一分。与此同时，辛梓豪也因决赛的重压，逐渐失去序盘时的冷静，急于终结比赛。这正是我等待的机会。

我深吸一口气，全力反击。终于在最关键的时刻，棋局迎来逆转。最终，我赢下了这场决定胜负的大战。

比赛结束的刹那，我一时竟无法完全明白自己究竟做到了什么。直到看见洪教练激动的表情，接到无数祝贺信息，回国后面对铺天盖地的采访请求，我才真切感受到，自己给许多人带来了喜悦。

漫长的"农心杯"之旅，至此画上圆满句号。

随后，我想起了最深爱的奶奶。

从比赛现场返回酒店途中，奶奶的面容忽然浮现在我的脑海。除了父母，奶奶是这世上最疼爱我的人。最后一次见她，是在家乡釜山的医院。那时，她的病情已让她的记忆逐渐模糊，但见到我时，她仍露出那熟悉而灿烂的笑容。每当站在胜负的岔路口，我总会想起她，而她的笑容，一次次成为支撑我前行的力量。

我本想回国后，将中国的经历讲给奶奶听，然而，这个愿望最终未能实现。就在我出发前往中国时，奶奶已悄然离世。家人与洪教练担心影响我的比赛，选择了暂时隐瞒噩耗。尽管我早已有所准备，但当这一刻真正降临时，我才发现，无论如何预想，都无法承受这场永别的痛楚。

生前，奶奶虽不善言辞，也非特别温柔之人，却对我疼爱有加，甚至亲呢地唤我为"皇太子"。为什么是"皇太子"呢？我本该在她离世前问清楚，可惜如今已没有机会了。

人生总伴随着巨大的喜悦与深沉的悲伤，而这些经历，也让我愈发成熟。

我始终相信，奶奶从未离开，她与我并肩作战，直至"农心杯"的最后一刻。或许，她正是为了等我远赴中国征战，才推迟了自己的远行。我感激奶奶，感激她留给我的最后的记忆，仍是精神矍铄、笑容明亮的模样；我更感激她在我人生或许最辉煌的这一刻，依然陪伴着我。

# 第 25 届"农心杯"
## 关键之战

# 第 25 届"农心辛拉面杯"世界围棋团体锦标赛本赛第 9 局

 申真谞 九段　　　　 谢尔豪 九段

比赛时间：2023 年 12 月 4 日
比赛用时：每方 1 小时，1 次 1 分钟读秒，贴 6 目半
比赛结果：共 133 手，黑中盘胜

## 亮点解析 1

"农心杯"第二阶段的比赛在釜山拉开帷幕，而本赛第 9 局则是这一阶段的收官之战。此前，韩国队棋手接连失利，我成为队伍最后的希望，肩上的担子可想而知。若此局战败，韩国队将无缘第三阶段的比赛，直接被淘汰。而我的对手谢尔豪九段已豪取七连胜，连克七位日韩顶尖棋手，气势如虹，锐不可当。

我试图将注意力集中在眼前的棋盘上，尽力摆脱压力。要想不受对手气势的影响，发挥出自身实力，唯有保持内心的平静。我默念"不得贪胜"这句围棋谚语，努力平复心绪，随即落座，开始对局。

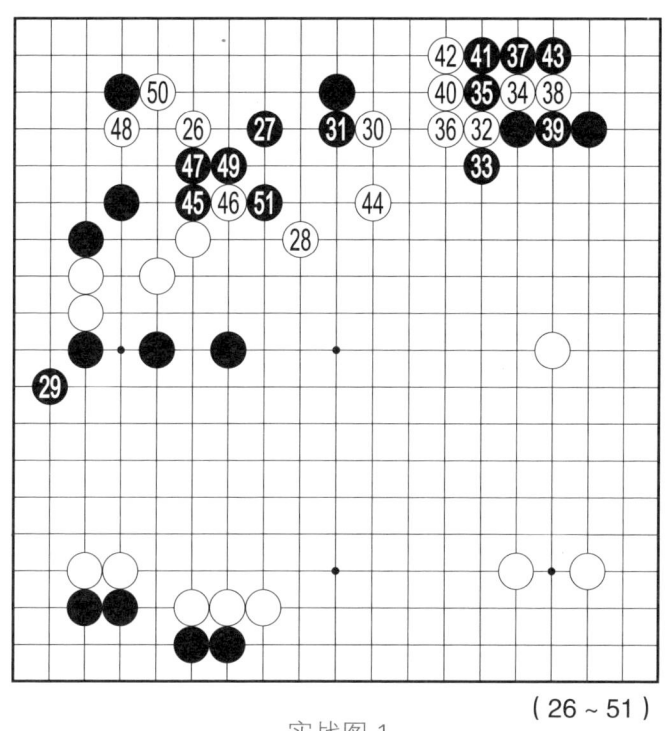

(26~51)

实战图1

　　谢尔豪九段以快棋著称，擅长将对手逼入绝境。序盘阶段，他便以白26、白28两个二间跳，配合白30、白32的凌厉攻势，对黑棋展开迅猛进攻。其行棋果断，落子如风，几乎未耗费多少时间。

　　然而，实战进行至黑45靠时，白46的应对显得有些轻率。若白棋先于白48位靠，局面将形成AI推荐的复杂转换，如变化图1所示。我原本设想，若白如变化图1中的白1靠，我将以变化图2中的黑2反击，继而形成转换。

　　但实战中，由于白46先扳，再于白48靠，给了我黑49展开反击的机会。白50虎守角后，黑51打吃，白棋整体变薄。

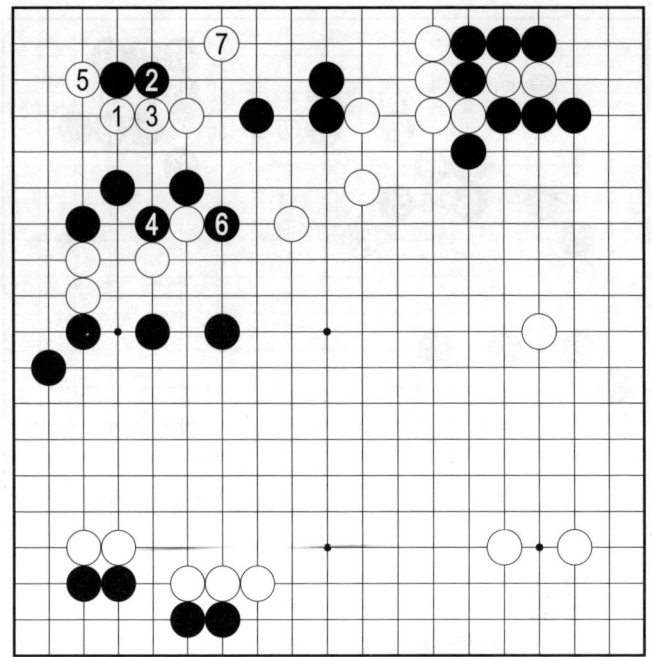

变化图 1

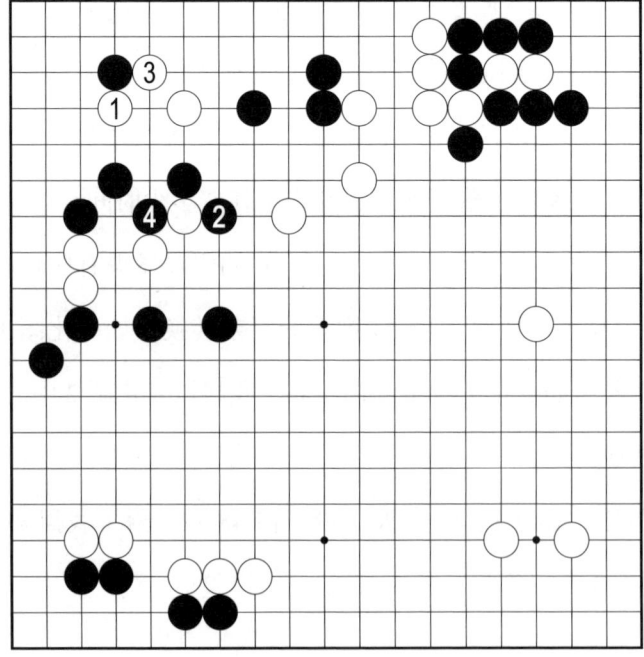

变化图 2

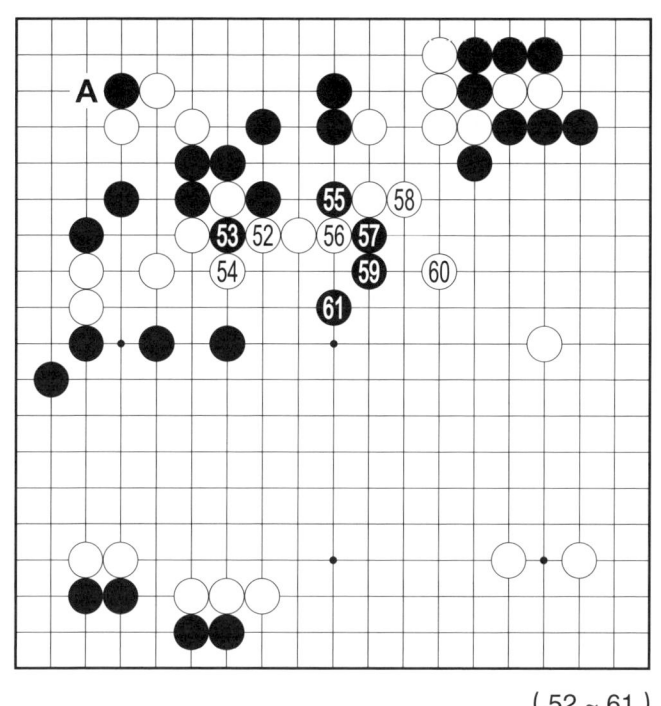

（52～61）
实战图 2

谢尔豪九段思考了十余分钟落下白 52。对于一名以快见长的棋手而言，这无疑是一次较长时间的长考了。然而，这手棋却成为败着——黑棋仍然有在 A 位强力动出一子的手段，白棋顿时陷入被动。AI 的建议是，白棋应按照变化图 3 或变化图 4 的下法果断弃掉左侧大块白棋，转而占据左上角的实地，或许尚存一线生机。

谢尔豪九段是否曾在脑海中浮现过这些变化？从人类棋手的视角来看，主动弃子绝非易事，而 AI 在这种灵活抉择上的优势，确实令人感慨。

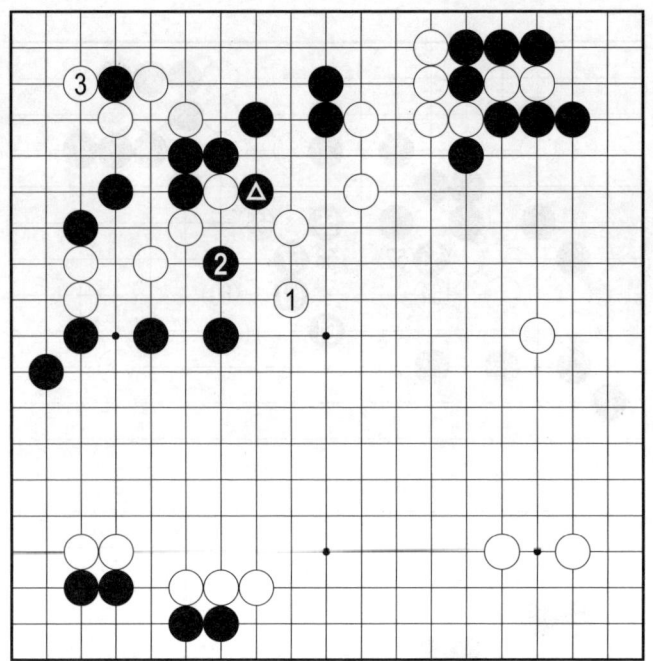

变化图3

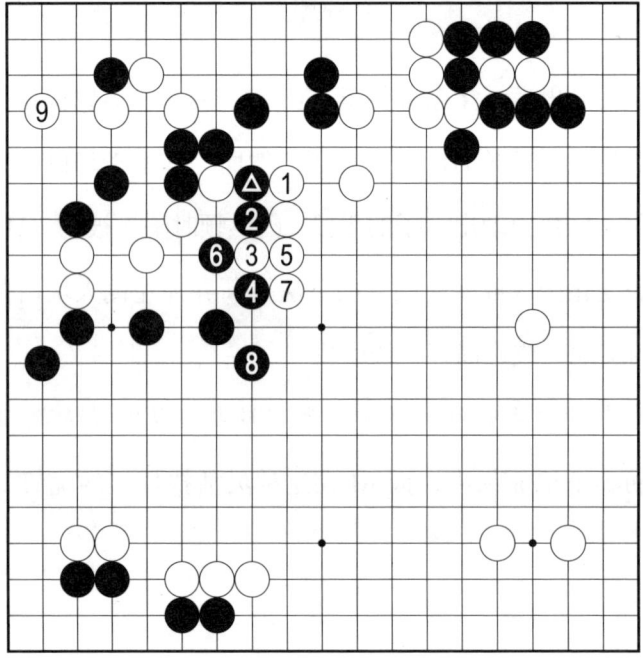

变化图4

## 亮点解析 2

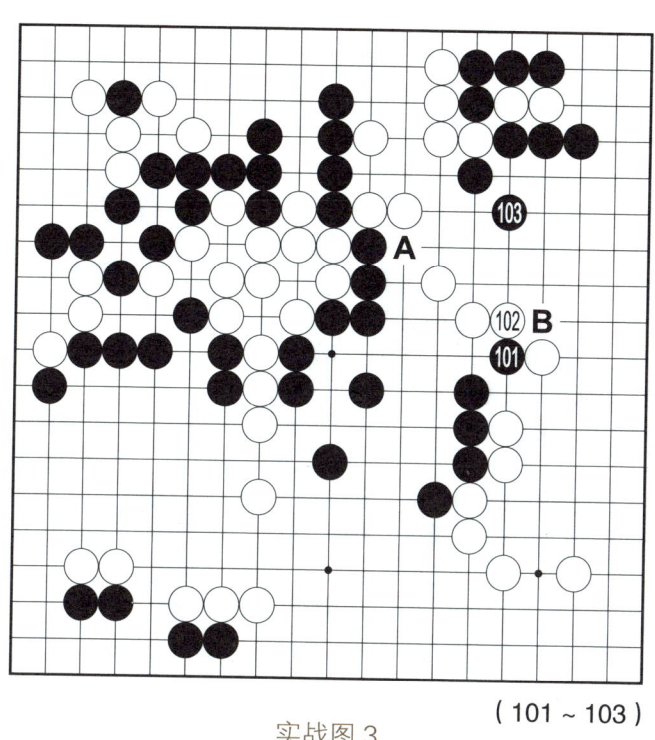

实战图 3　　　　　　　　（101～103）

此时，黑棋已取得明显优势。然而，围棋中的优势并不等于胜利，关键在于如何把握时机，稳妥结束战斗，确保胜果。若给对手留下一丝翻盘的余地，对方必将拼尽全力反扑。因此，一旦机会显现，绝不容迟疑。

为了彻底锁定胜局，我选择了黑 101 的下法。白 102 挡后，黑 103 虎，对白棋形成双重威胁——既瞄着 B 位的断点，又威胁着在 A 位切断白棋。当时，这一妙手连 AI 都未提前预见。黑 103 落子后，AI 的胜率曲线迅速向黑方倾斜，局势豁然开朗。

有时，人类的计算能力也能超越 AI。AI 并非无懈可击，也并非全知全能。只要坚持不懈，或许终有一天，人类能再次超越 AI，重登巅峰。怀揣这样的信念，我不断挑战自我极限，沉浸在对围棋的钻研中。毕竟，我的成长之路仍在继续。

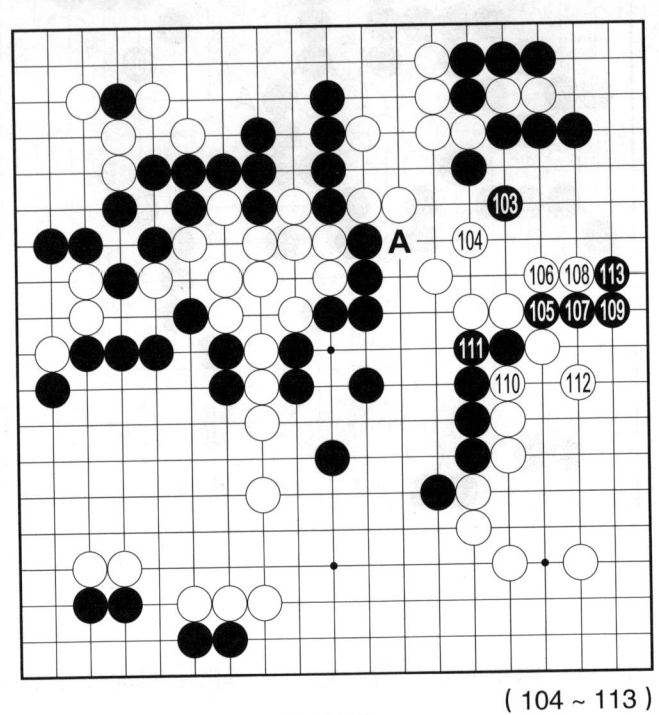

（104～113）
**实战图 4**

实战白棋为守住 A 位的弱点，选择白 104 虎，之后黑 105 断开，白棋局势急转直下。此后，若白 112 按变化图 5 中的白 1 挡住黑三子，黑 2 至黑 12 一系列反击手段可吃掉白△三子。实战白棋无奈之下只能选择白 112 防守，黑 113 顺势救活三子，同时切断白棋大龙，黑棋就此奠定胜势。

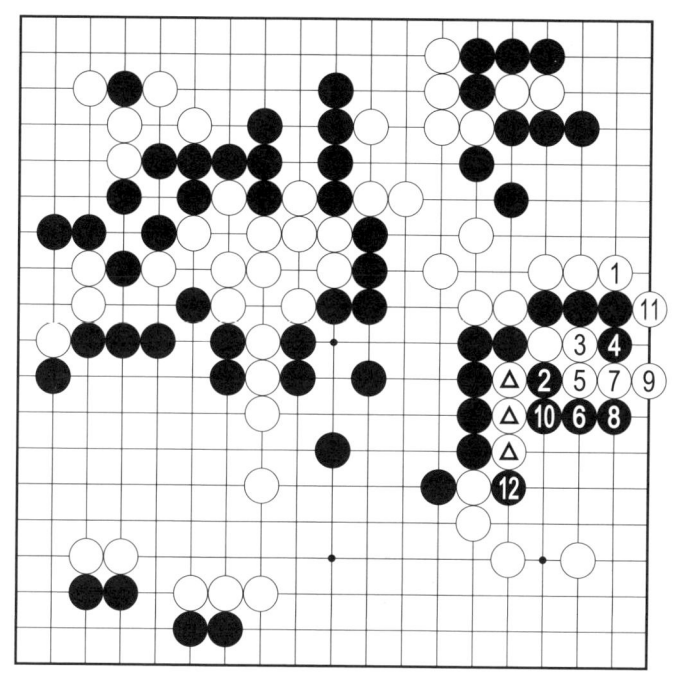

变化图 5

这场胜利不仅让韩国队免于在第二阶段出局的危机,也让我得以在 2023 年第 28 届"三星杯"世界围棋大师赛(简称"三星杯")负于谢尔豪九段后,成功扳回一局。

更重要的是,这场胜利为我赢得了前往上海参加第三阶段比赛的机会。

# 第 25 届 "农心辛拉面杯" 世界围棋团体锦标赛本赛第 10 局

 申真谞 九段　　 井山裕太 九段

比赛时间：2024 年 2 月 19 日
比赛用时：每方 1 小时，1 次 1 分钟读秒，贴目 6 目半
比赛结果：共 165 手，黑中盘胜

## 亮点解析 1

　　第三阶段的第三局在中国上海正式打响。尽管比赛仍有许多变数，尚未结束，但我始终秉持"每一局都全力以赴"的信念投入到每一场对局中。

　　我的首位对手是日本队的最后一名选手——井山裕太九段。他目前在日本国内拥有"王座""棋圣"等几大头衔，并且国际赛经验丰富，我绝不敢有丝毫大意。作为日本队的最后一道防线，井山裕太九段此刻所承受的心理压力恐怕与我无异。

　　开局阶段，双方势均力敌。当白 52 发起反击时，我果断以黑 53 分断白棋。若白棋如变化图 1 中的白 1，我将以黑 2 至黑 8 的变化应对，弃掉右侧黑棋，换取对右上角的掌控。

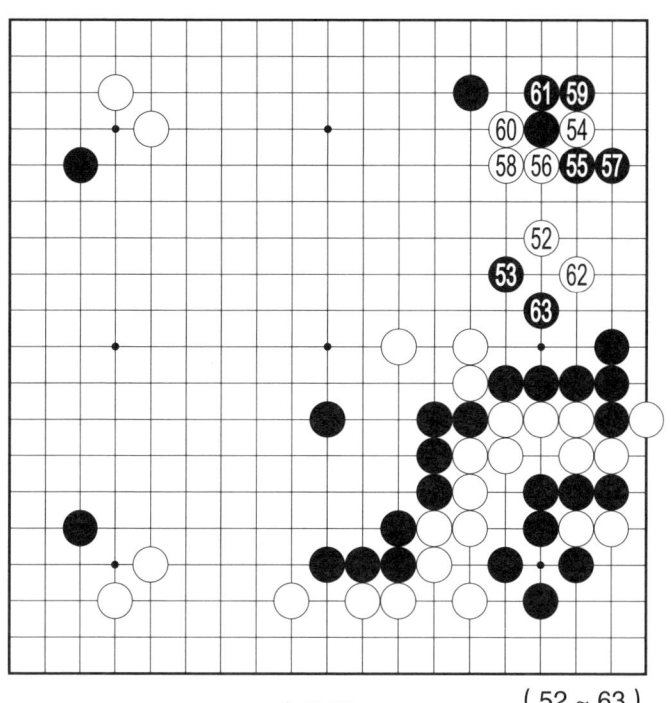

实战图1　　　　　（52～63）

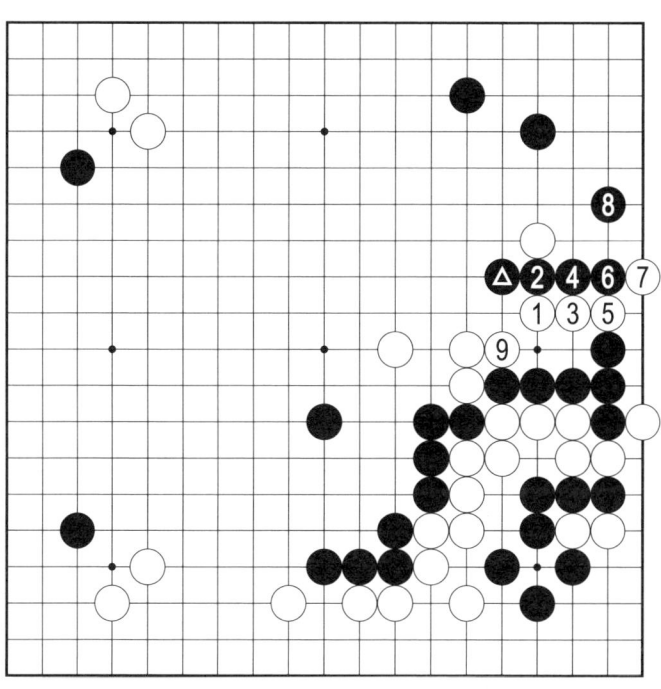

变化图1

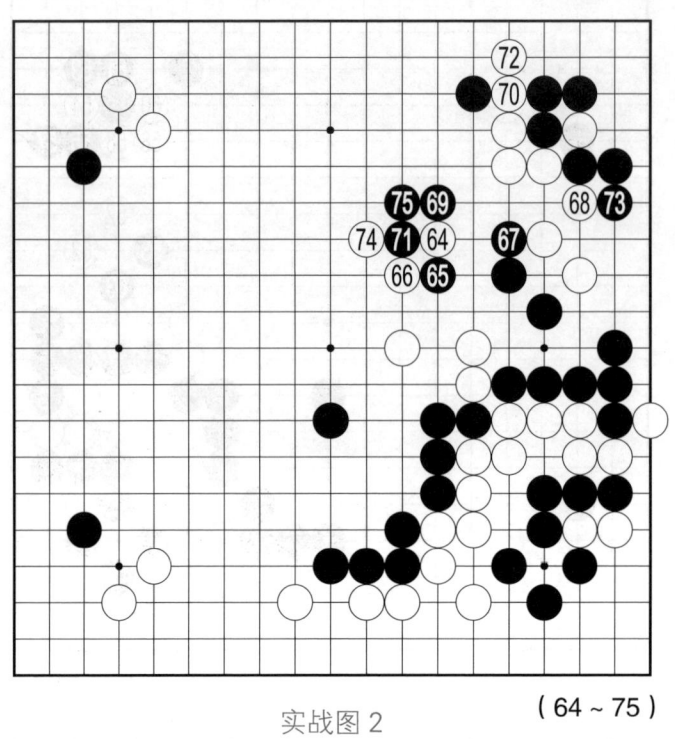

实战图2　　　　　　　（64～75）

白64罩，试图封锁黑棋，这是井山裕太九段一贯战斗风格的体现，局势早早迎来了胜负的关键点。

然而，实战当黑65靠住时，若白棋能抢先在70位冲，局面或将有所改观。如按变化图2进行，对白棋而言比实战更为有利。AI指出，白棋应在白64封锁之前，先如变化图3中的白1先冲，保留中央的变化，试探对方的应手。若黑2挡，白棋再于3位封锁，局势将更加紧凑。

复盘时，我们首先讨论的便是这一"冲"的时机。由于白棋的冲看似随时都是先手，所以很难想到需要提前交换。围棋中没有绝对，机会稍纵即逝。

实战进行至黑75，黑棋成功吃掉白棋一子，形成厚势，掌控着中央。

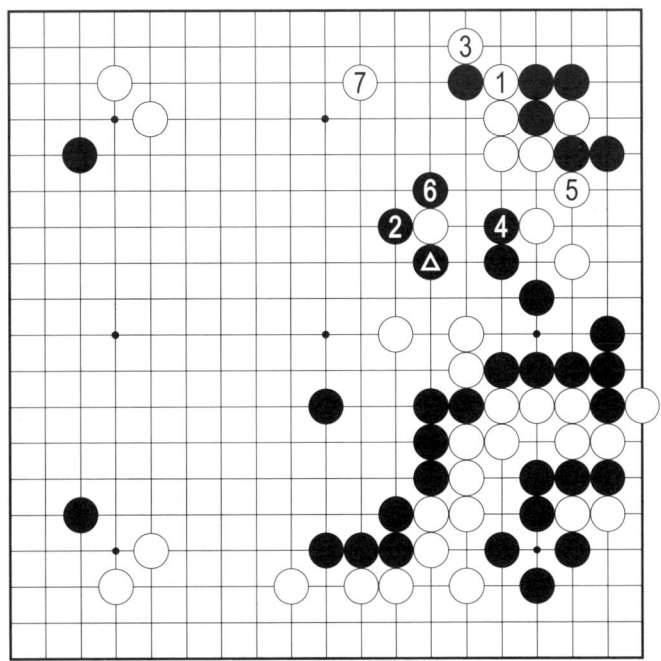

变化图 2

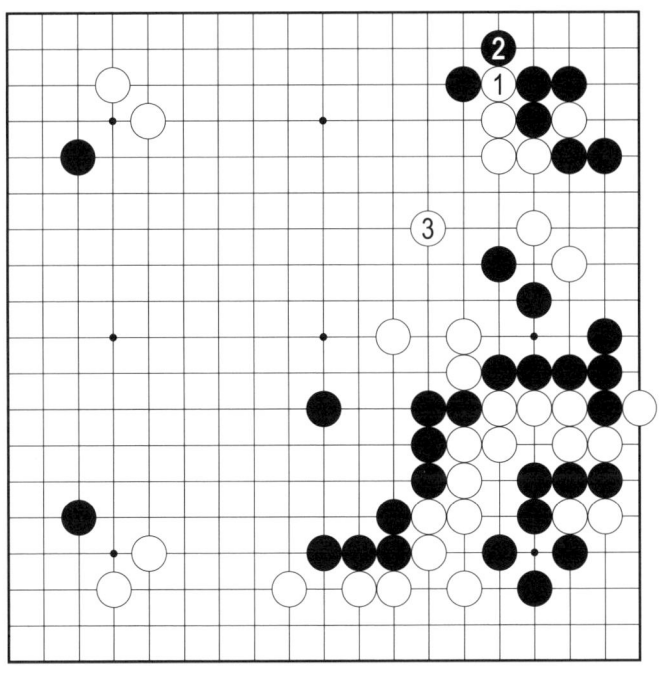

变化图 3

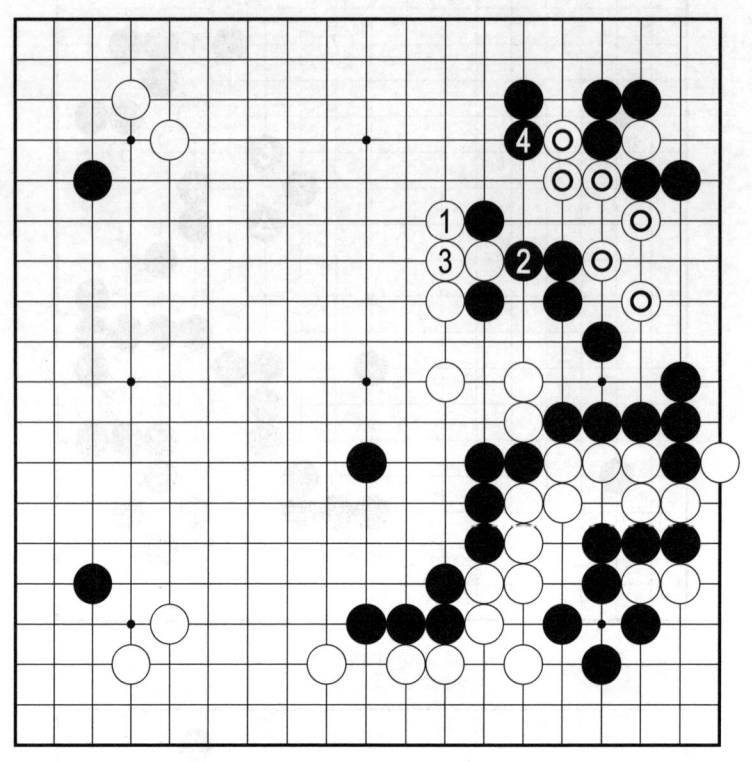

变化图 4

实战当黑 69 夹时，若白棋按变化图 4 的白 1 应对，以下黑 2 至黑 4 可将右侧白⊙六子尽数歼灭。

## 亮点解析 2

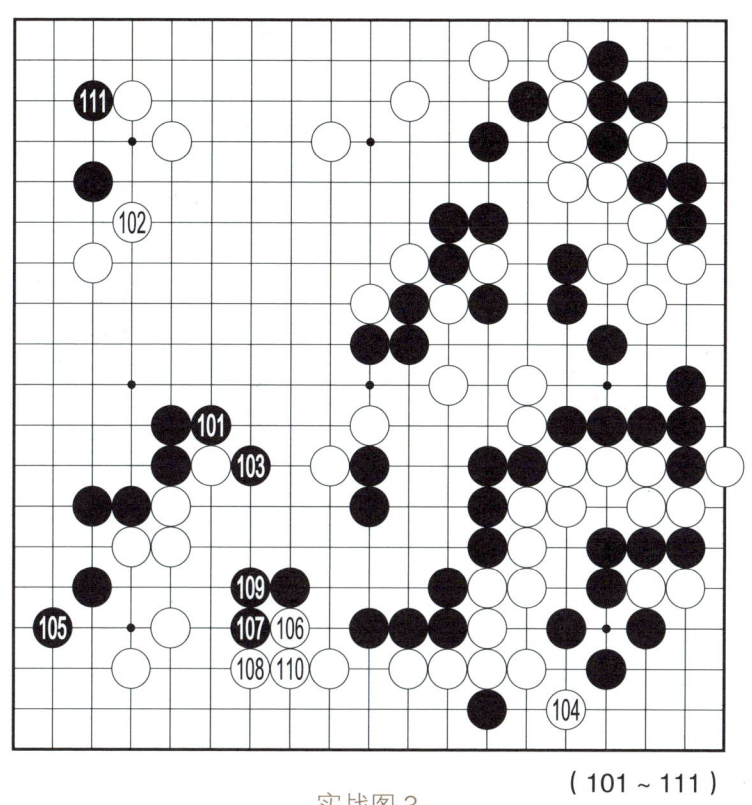

实战图 3　　　　　　　（101~111）

实战黑 101 拐时，白 102 成为全局败着。黑 103 打吃后，中央彻底成为黑棋的实地，双方差距瞬间拉大。

白 102 应选择变化图 5 中的白 1 长出抵抗，即便黑棋可从 A 位强行靠出，黑棋优势依然明显，但白棋尚存一战之力。然而，实战白棋被黑 103 打吃后，中央白棋数子愤死，已无翻盘可能。

更关键的是，黑 111 后，我在左上角可轻松做活，黑棋胜势已定。此后，我没有再给对手任何翻盘的机会。围棋是一项极为冷酷的竞技，一着不慎，满盘皆输。

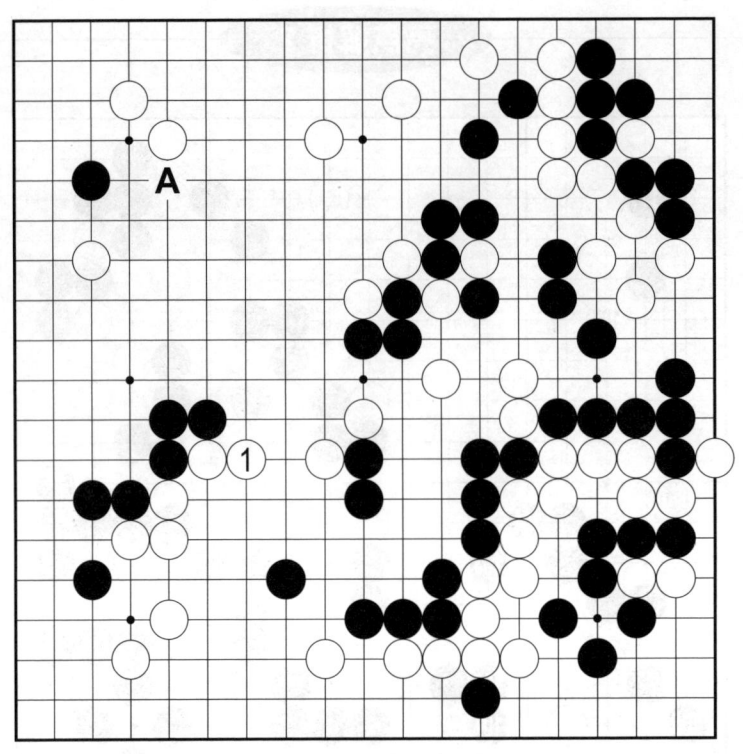

变化图 5

随着井山裕太九段落败,日本队全军覆没。接下来,我将迎战中国队的四名选手。

# 第 25 届"农心辛拉面杯"世界围棋团体锦标赛本赛第 11 局

 赵晨宇 九段　　　　 申真谞 九段

比赛日期：2024 年 2 月 20 日

比赛用时：每方 1 小时，1 次 1 分钟读秒，贴目 6 目半

比赛结果：共 224 手，白中盘胜

## 亮点解析 1

这是我在上海迎来的第二场对局，对手是中国棋手赵晨宇九段。他以沉着稳健的棋风著称，尤其擅长后半盘作战。虽然我与他交手的历史战绩为 6 胜 1 负，占据上风，但赵晨宇九段是一位钻研围棋极深的棋手，我决定在布局阶段采取针对性策略，绝不掉以轻心。

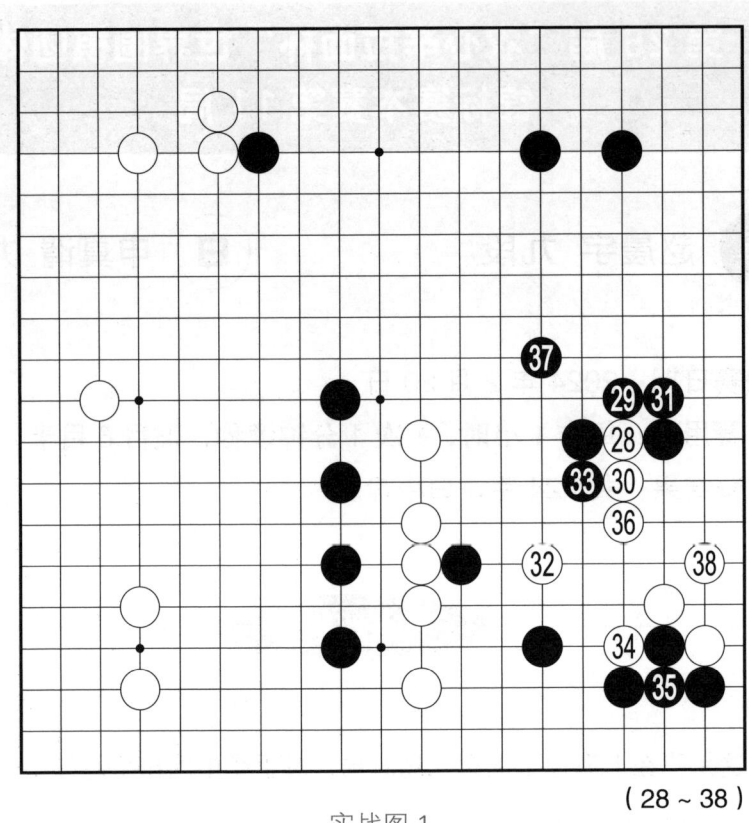

（28～38）

实战图1

实战白28的挖并非简单的试应手，而是有意诱导赵晨宇九段发起攻势，让局面复杂化。白38是一着积极的下法，可确保自身安定，进可攻，退可守。

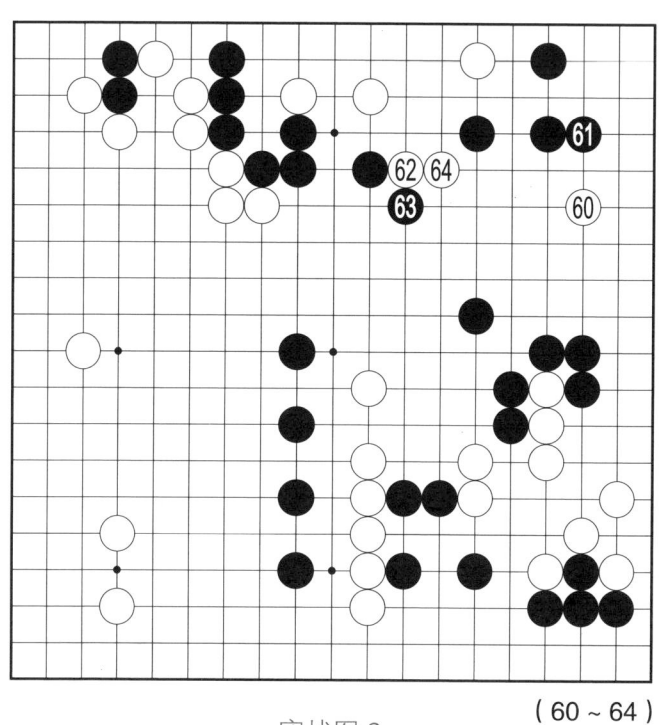

（60~64）
实战图2

上方白棋尚未完全安定，我却以白60深入黑阵。这并非我惯用的手法，但在研究赵晨宇九段的棋风后，我了解到他并不喜欢直接的战斗，故以强手试探。当然，这一手不能过于勉强，否则易弄巧成拙。

人们常说我的棋风兼具李昌镐九段的稳健与李世石九段的锐利。白60这样的下法，或许正带有李世石九段棋风的影子——充满攻击性，又暗藏试探意味。

在围棋中，攻守节奏的把握极为困难。过于强硬，恐遭对手反击；过于稳健，又易被对方蚕食。能在攻防间游刃有余，才是真正的高手。

赵晨宇九段果然如我所料，黑61更倾向于防守而非进攻。这让我得以掌控局面主动权。

## 亮点解析 2

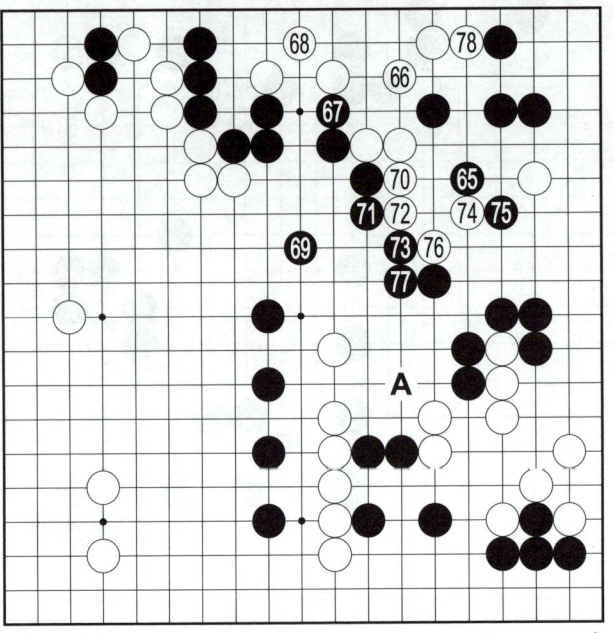

实战图 3 （65～78）

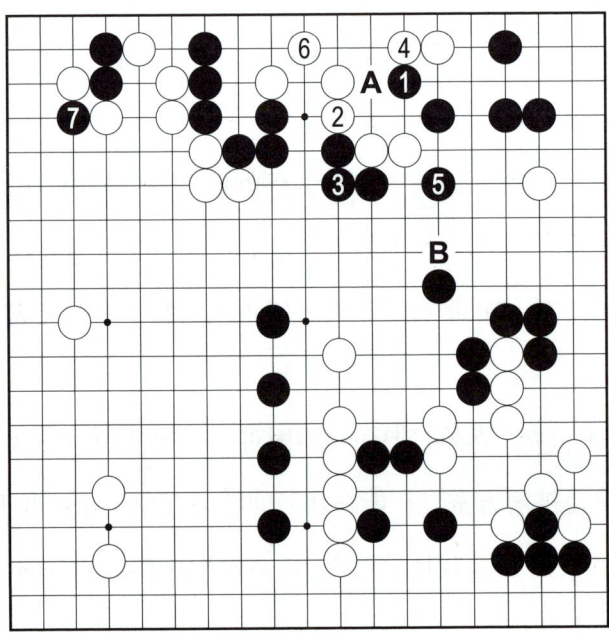

变化图 1

实战黑65的退让是一手大缓手，正确的下法应如变化图1所示，黑1抢占急所，对白棋展开攻势。如此，黑棋不仅能先手封锁中央，还可顺势以黑7侵入白棋左上角，使局势变得更加复杂。若黑1小尖，AI建议白棋在B位靠。而我的设想是，若黑1强攻，我将在A位应对，并伺机于B位靠，局面将变得极为混乱。

赵晨宇九段或许是因为压力较大，在关键时刻略显保守，我抓住机会持续施压，全力强攻。实战至白78，白棋顺利破掉右侧黑空并轻松做活，取得巨大成功。原本受攻的上方白棋不仅稳住阵脚，黑棋的强势阵地也逐步萎缩，局面的主动权彻底转移到了我这边。

赛后复盘时，赵晨宇九段最为懊悔的是实战中的黑69。这一手让白棋得以在70位冲出，对黑空造成严重破坏。他或许是想等中央厚势成型后，在实战图3中A位切断白棋，从而对白棋进行缠绕攻击。但事实上，两侧白棋棋形都十分有弹性，黑棋难以对其形成有效攻击。黑棋的设想虽好，但实际操作难度极高。

这场胜利使我成功取得三连胜，达成目标的一半。然而，我深知真正的挑战还在后面。

# 第 25 届"农心辛拉面杯"世界围棋团体锦标赛本赛第 12 局

 柯洁 九段　　　　 申真谞 九段

比赛时间：2024 年 2 月 21 日
比赛用时：每方 1 小时，1 次 1 分钟读秒，贴 6 目半
比赛结果：共 257 手，白 2 目半胜

## 亮点解析 1

　　本局的对手是柯洁九段。柯洁九段在世界大赛中战绩显赫，在中国围甲联赛中的表现同样出色，是公认的中国围棋代表性棋手之一。他也是最能激起我胜负欲的对手之一。我曾在世界大赛决赛中两次负于柯洁，但在本局对弈时，我对柯洁已取得六连胜，信心十足。我在第 22 届"农心杯"上首次实现五连胜并夺冠，最后击败的正是柯洁九段。然而，作为担任主将的强者，柯洁九段绝非可轻视的对手。

　　猜先后，我执白。柯洁九段对白棋的运用尤为娴熟，此猜先结果对我而言无疑是个不错的开局。

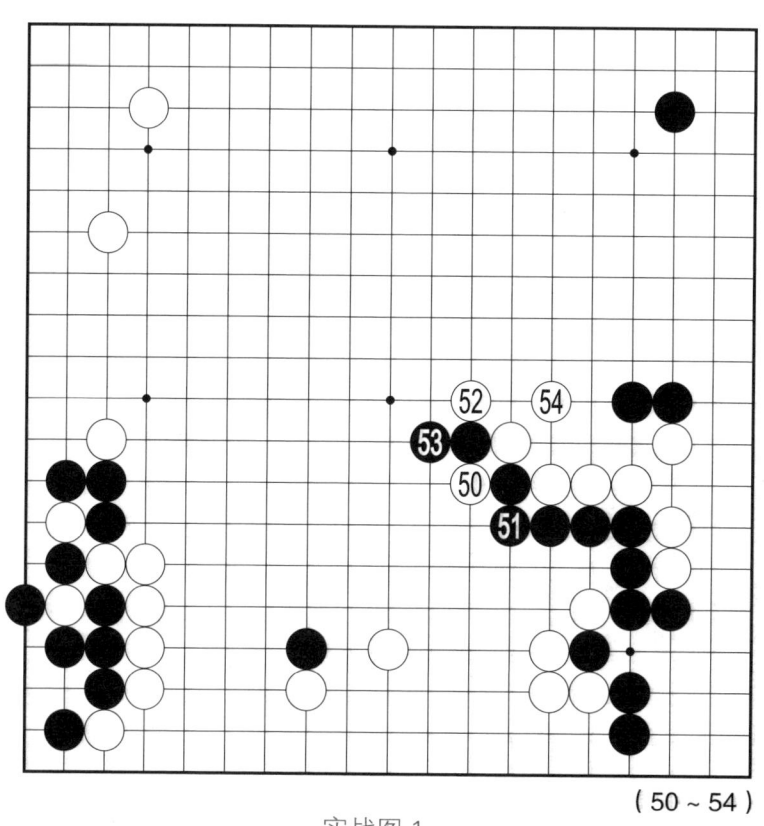

（50～54）

实战图 1

白 50 断也可以选择变化图 1 中的白 1 长，这样黑棋大概会平稳应对至黑 4。然而，实战中我选择白 50 断开，并以白 52 打吃黑棋，以此引导局面进入自己熟悉的节奏。此时，黑棋完全可以选择变化图 2 中的黑 1 断打，强行围剿右侧白棋，形成激烈的攻杀战。

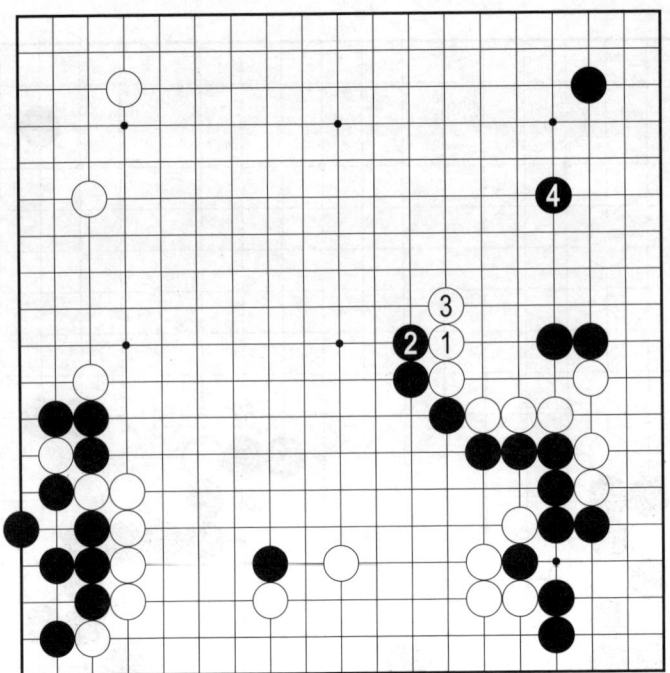

变化图 1

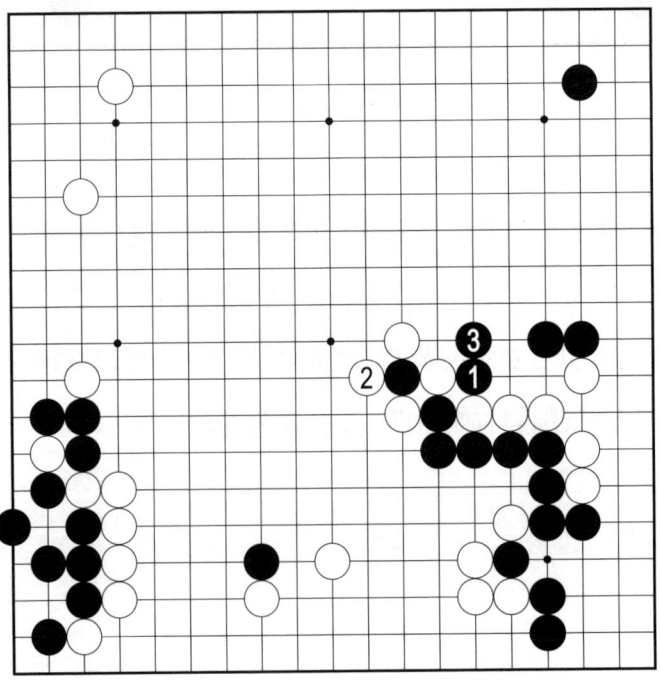

变化图 2

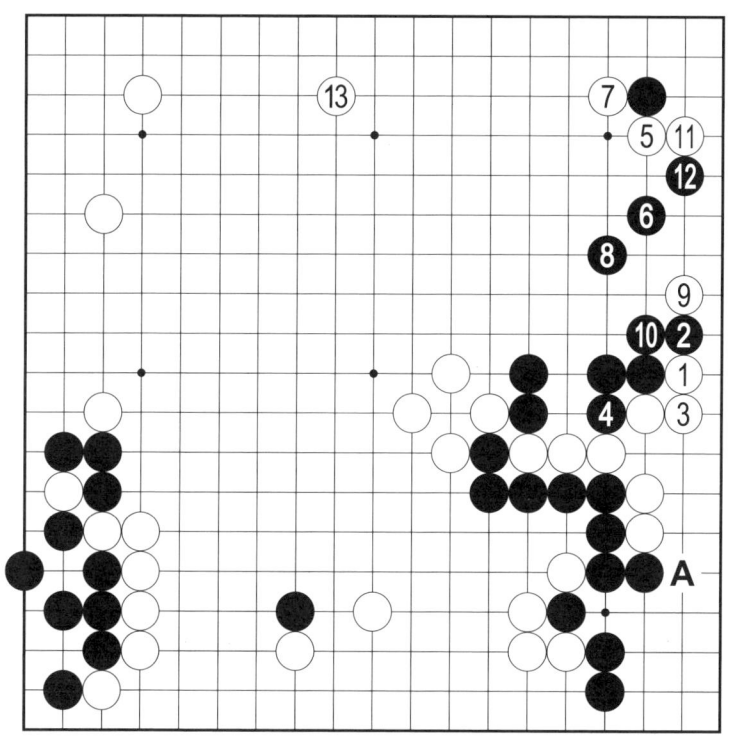

变化图 3

若黑棋果断反击，我将如变化图 3 的下法直接弃掉右侧白棋，寻求其他战机。这样一来，白棋可以利用 A 位的潜在威胁，保留丰富的腾挪手段，即使局部失利，整体仍然有利。围棋重全局，不拘于一隅得失。

然而，实战柯洁九段仅以黑 53 简单救回一子，这一退让使我在气势之争中占据上风。在胜负较量中，气势往往至关重要。棋局中的力量固然重要，但棋手之间无形的气场，有时更具决定性。这不仅仅是一场技术上的较量，更是心理与意志的对抗。

## 亮点解析 2

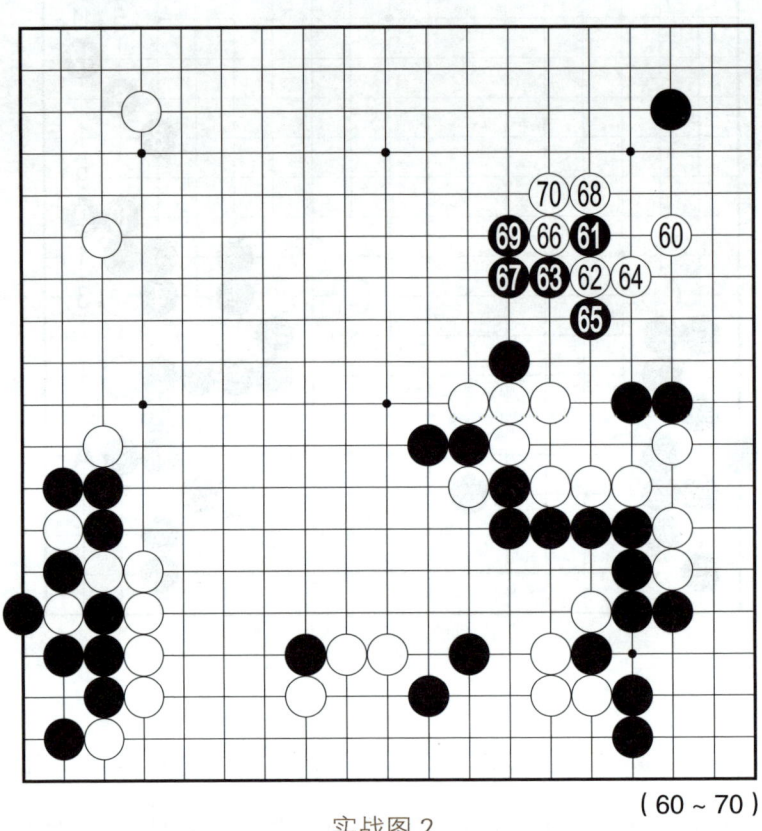

实战图 2　　　　　　　　（60～70）

白 60 打入黑阵时，黑 61 镇头是一种极具弹性的应对方式，AI 也推荐了这一手。柯洁九段的棋风以刚柔并济著称，这一手展现了他非凡的柔韧性。

然而，白 62 靠后，黑 63 扳却是一着缓手。

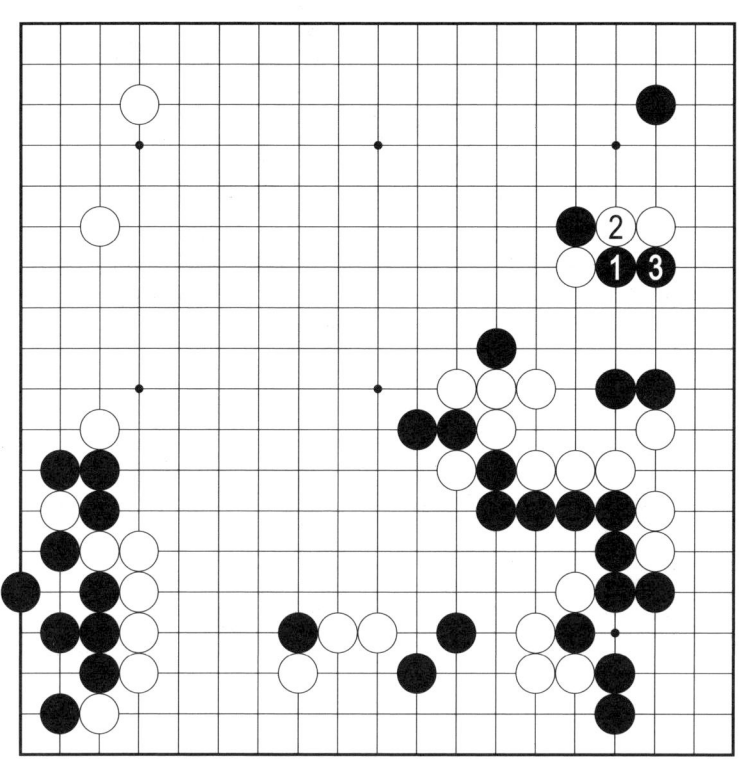

变化图 4

此时，实战黑 63 应如变化图 4 中的黑 1 扳，若白 2 断，黑 3 贴下，形成激烈对攻战。如此一来，局面黑棋更为主动。实战进行至白 70，黑棋一子被吃，局面对我十分有利。

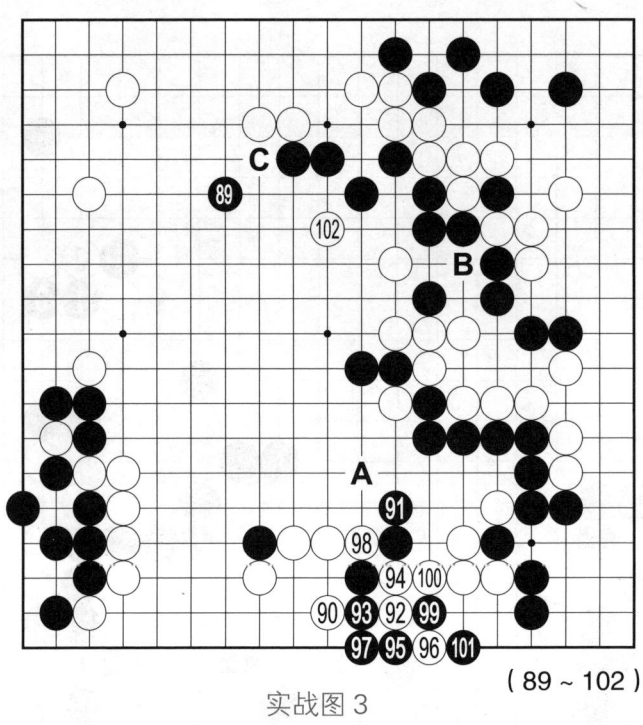

实战图 3　（89~102）

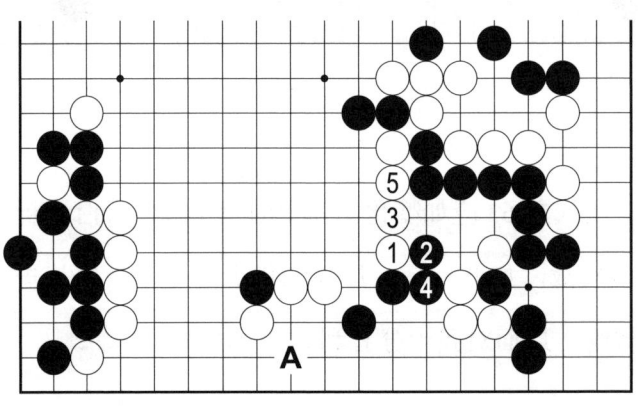

变化图 5

在白棋占优的情况下，白 90 堪称难以察觉的妙手。AI 自棋局初期便推荐黑棋应率先在变化图 5 中的 A 位"飞"，认为此点对黑棋至关重要。因变化图 5 中白 1 至白 5 的一系列下法均为白棋的先手，使白棋中央更加厚实。

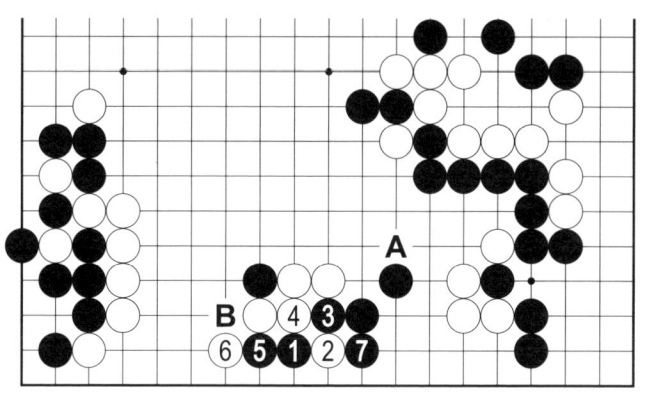

变化图6

若黑棋如变化图6所示率先在黑1飞,不仅能获得实地,还能防止白棋在A位靠,以后黑棋还可在B位施压,价值极高。

实战白90后,白棋顺势在下方先手收束,随后白102直接攻击中央黑棋,彻底掌控了局面。此外,在实战图3的局面下,A位是白棋的先手,黑棋B、C两处的薄弱点亦受威胁,形势已向白棋倾斜。

此后,我稳健收束,最终获胜。这盘棋可以说是本届"农心杯"最契合我风格的一局,也是一盘让我相当满意的对局。

# 第 25 届"农心辛拉面杯"世界围棋团体锦标赛本赛第 13 局

 申真谞 九段　　　白 丁浩 九段

比赛时间：2024 年 2 月 22 日

比赛用时：每方 1 小时，1 次 1 分钟读秒，贴 6 目半

比赛结果：共 189 手，黑中盘胜

## 亮点解析 1

第 25 届"农心杯"五连胜的挑战，正式从第 13 局开始。

我的对手是与我同龄的丁浩九段，他在 2023 年连夺"LG 杯"与"三星杯"两项世界冠军，无疑是当今中国最顶尖的棋手之一。

连续多日的鏖战让我的体力有些吃不消，但我的胜负欲却正处于巅峰状态。既然已做好充分准备，无论结果如何，我都决心下出属于自己的棋，绝不留遗憾。

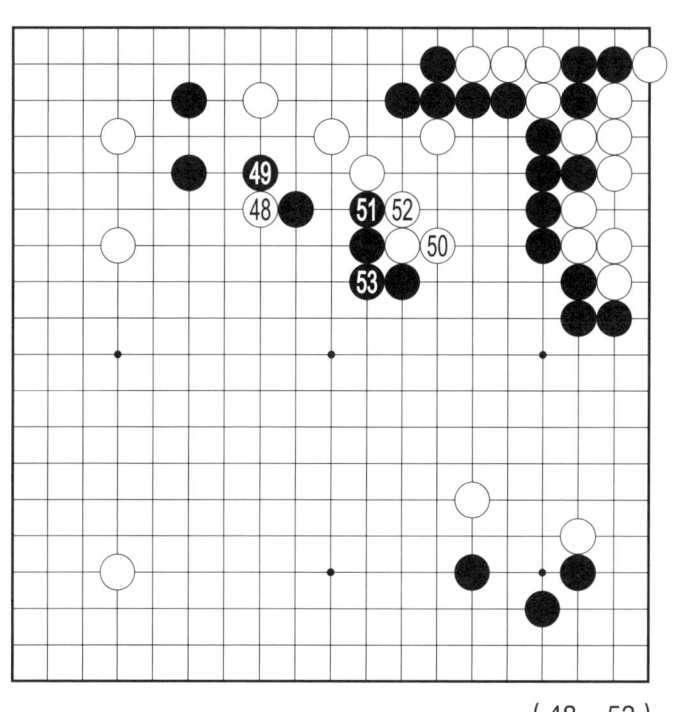

(48~53)

实战图1

序盘阶段，出现了我研究最为深入的布局，棋局走势也相当顺利。

白48靠、白50的下法乍看之下似乎带有手筋的意味，但细究之下，这一选择缺乏深思熟虑。

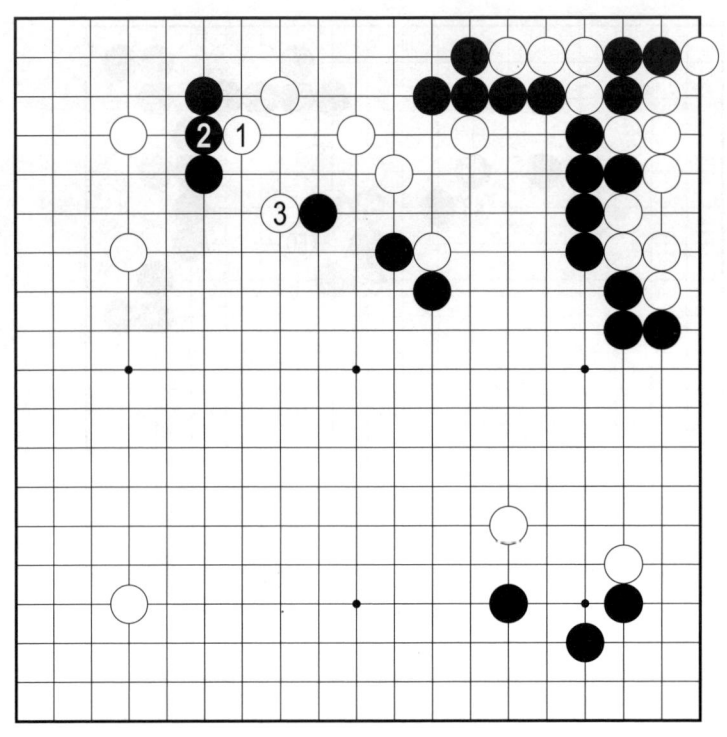

变化图 1

　　相比之下，实战白 48 若改为变化图 1 中的白 1 直接尖刺，待黑 2 应对后，再白 3 靠出，将给黑棋造成极大的困扰。白 1 尖刺与黑 2 的交换看似让自身棋形变得低效，甚至带有几分恶手的意味，但在当前局面下，为了抢占中央主动权，这一提前交换实为更具实战价值的妙手。

　　在这局面下，丁浩九段陷入长考，或许正是察觉到了这一变化的潜力。棋手往往囿于对俗手的固有认知，难以突破思维定式做出更自由、更高效的选择。

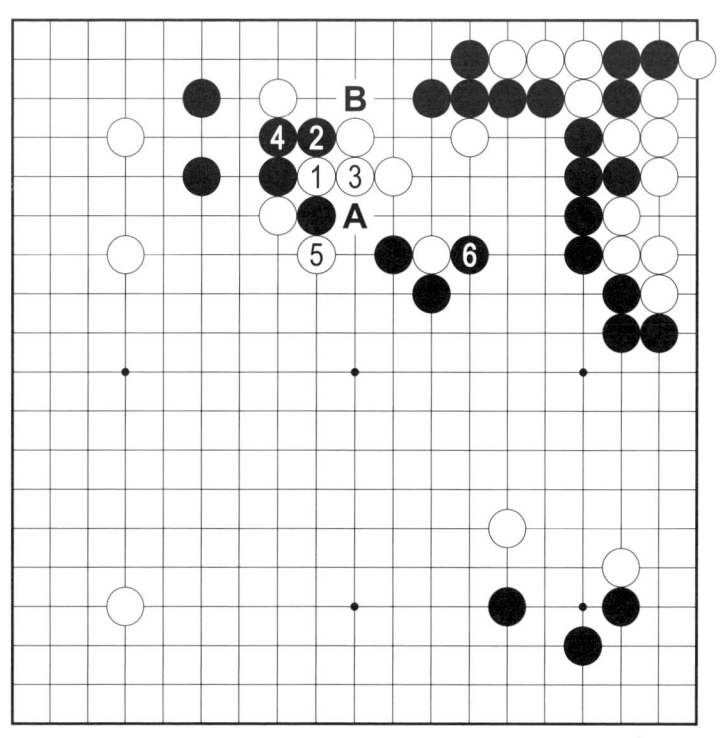

变化图 2

实战中,既然白 48 选择了靠,那么接下来应按变化图 2 的下法,白 1 断是直觉首选。然而,黑棋应对颇为从容——黑 2 打吃后再于黑 4 粘,即使白 5 继续施压,黑棋仍可黑 6 安定,形成坚实的厚势。A 位逃出一子与 B 位扳过形成见合,黑棋始终占据主动。

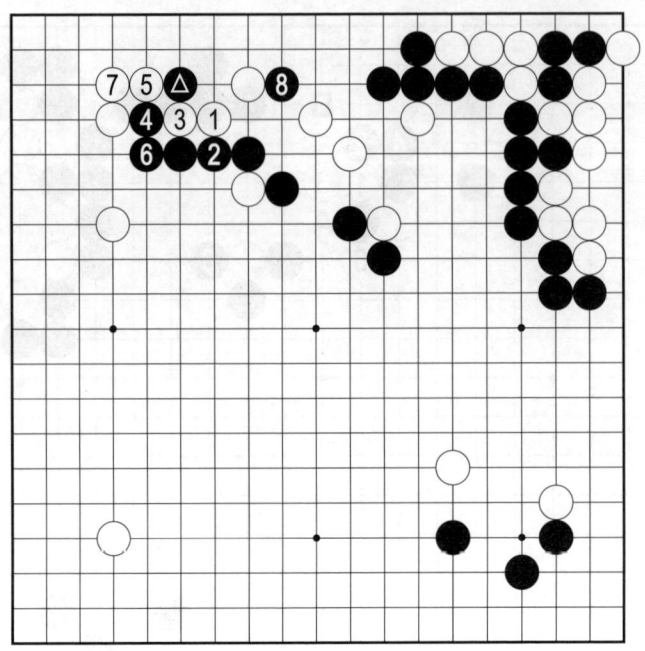

变化图 3

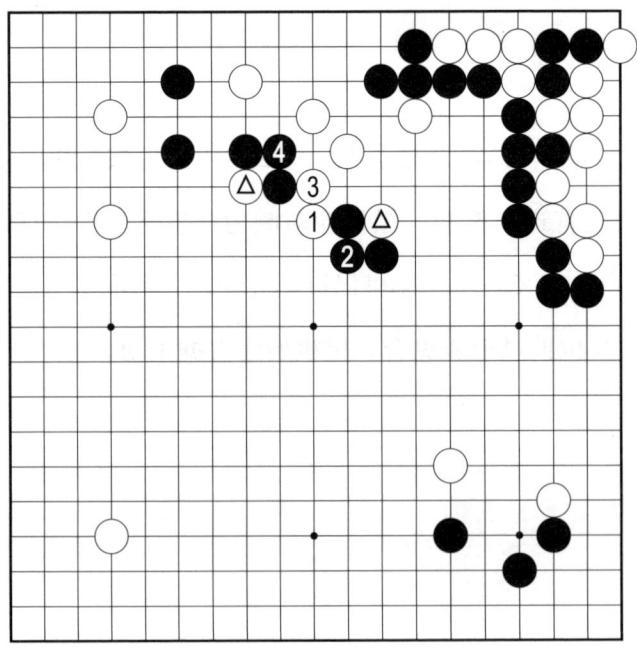

变化图 4

实战黑 49 扳后，若此时白棋再尝试按变化图 3 中的白 1 尖刺，黑棋只需黑 2 粘，弃掉黑△一子即可。至黑 8 靠下，白棋被分断，形势不容乐观。

白棋的最后一搏或许是按变化图 4 中的白 1 靠出。然而，即便黑 2 粘后，白 3 成功联络，黑棋仍可黑 4 粘，白△两子形同废子。

丁浩九段想必也在脑海中推演过这些变化，但觉得不妥，最终选择了实战中白 50 长的下法。然而，黑 51 顶、黑 53 粘不仅稳固了自身棋形，还让白 48 的靠无功而返，甚至有些自讨苦吃的意味。

对局中的气场，只有对弈双方才能真切地感知。落子的手势、表情、动作乃至呼吸，每一个细节都饱含深意，而敏锐的胜负师总能捕捉到这些信号，洞悉其中玄机。此刻，我清晰地感受到，棋局的气场已悄然倾向我这一边。或许，我已占得先机。

## 亮点解析 2

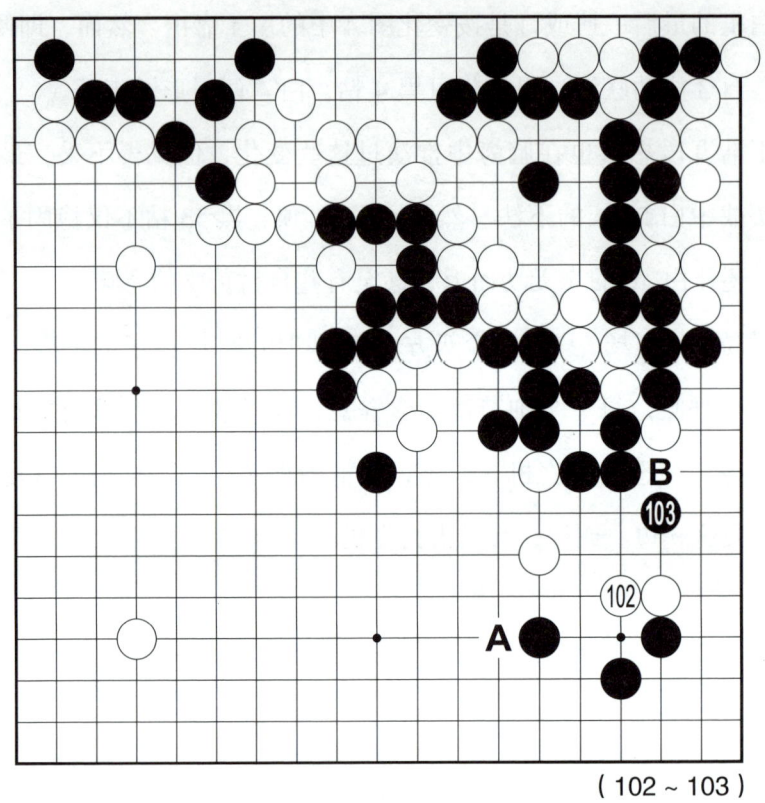

（102~103）
实战图 2

实战白 102 长,AI 建议应下在更具韧性的 A 位靠。而在黑 103 落子后,我明显感觉到白棋在 B 位的余味已经消失,局势变得简明许多。若当时白棋果真选择在 A 位靠,局面或将更加复杂多变。

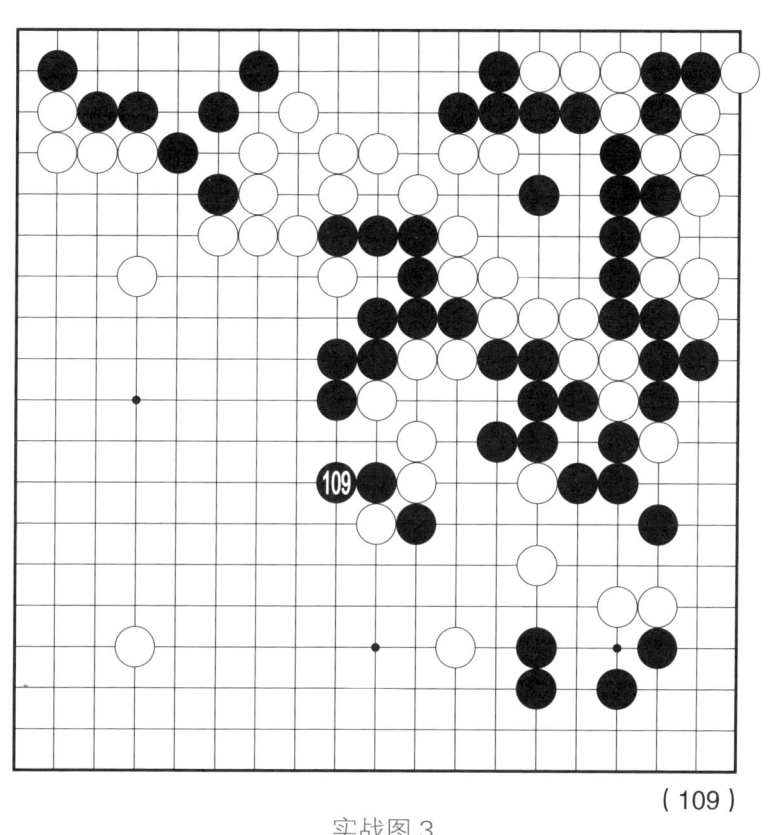

(109)

实战图 3

　　实战进行至黑 109 长，其实黑棋尚有更强手段，如变化图 5 中的黑 1 打吃。

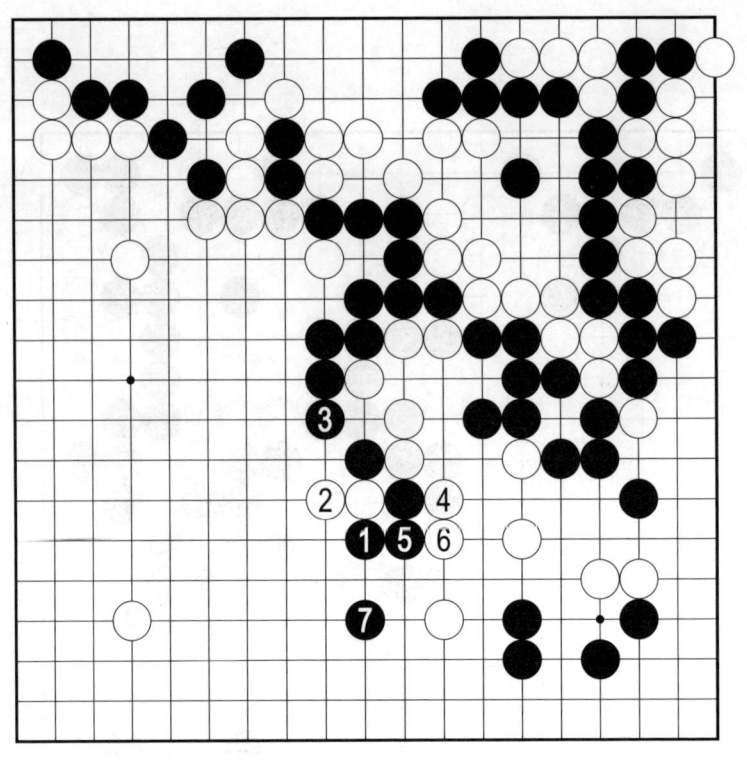

变化图 5

若实战中黑 109 下在变化图 5 中黑 1 打吃,再黑 3 退,可迫使白棋跟着应对。至黑 7,黑棋便能更强势地掌控战斗节奏。黑 1 打吃这一手在实战中我并未考虑,复盘时才意识到其极高的价值。

复盘,是职业棋手最为重要的学习方式之一。

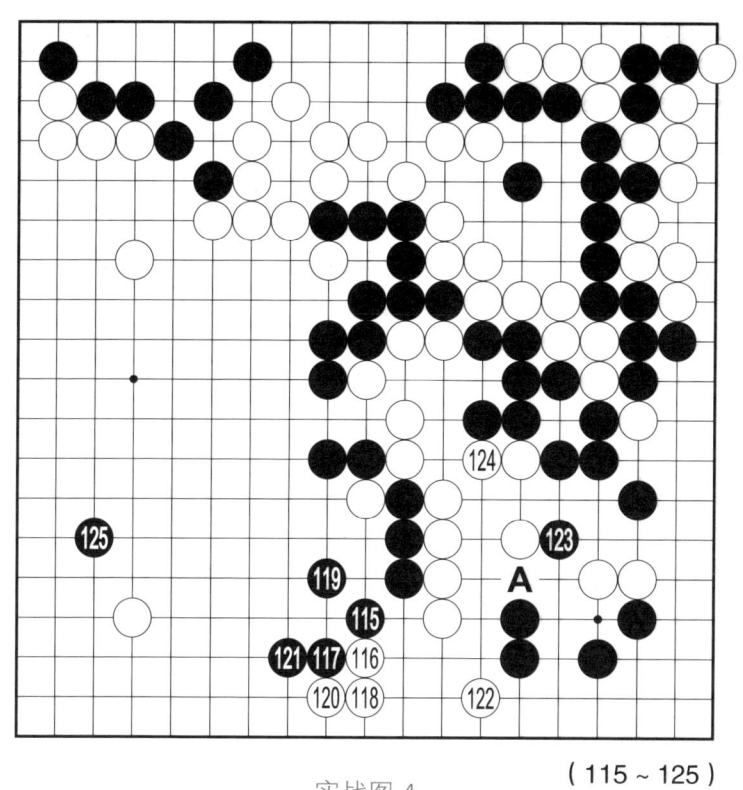

实战图 4　　　　　　　　　　（115～125）

实战图 4 中的黑 115，AI 建议应按变化图 6 中的黑 1 跨。

同样，白棋在应对黑 115 时，原本应该在实战图 4 中的 A 位连回两子，坚持战斗。然而，这一手棋对人类而言极具挑战。丁浩九段或许也有奋战到底的斗志，但若白棋大龙最终被歼，满盘皆输的后果难以承受。因此，这一手需要极大的勇气，尤其在读秒阶段更是难上加难。

实战黑 123 跨断，当白 124 补强后，黑 125 顺势压迫白棋左下角，此时黑棋已确立明显优势，胜势逐渐明朗。

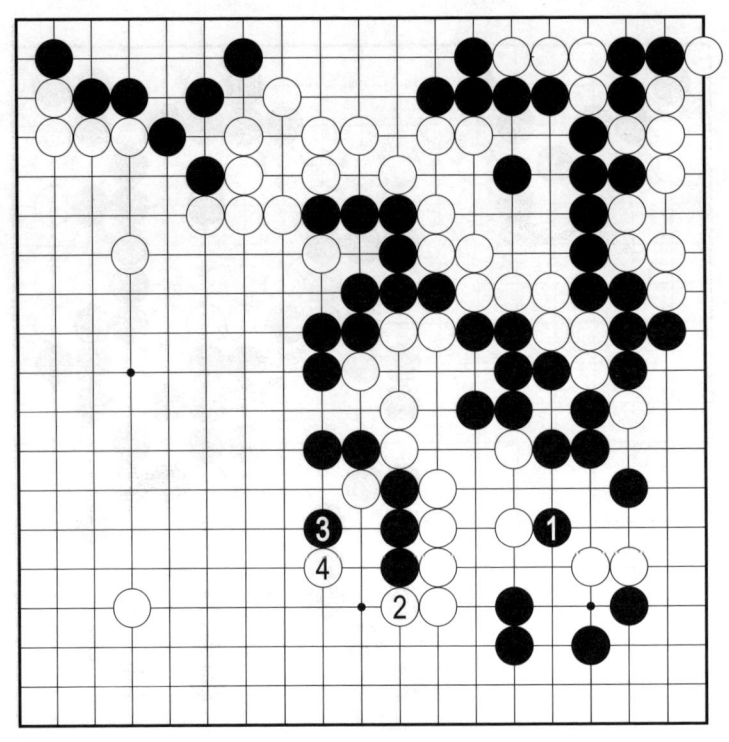

变化图 6

实战黑 115 如在变化图 6 中黑 1 位跨，黑棋可捕获白棋两子，在 AI 的计算中，此时黑棋的胜率高达 80% 以上（领先 3.5 目至 4.5 目）。然而，从人类棋手的视角看，黑棋面对变化图 6 中白 2、白 4 的连续冲击，心理上难以承受。这正是 AI 与人类思维的本质差异——AI 无惧"疼痛"，能在局势有利时果断执行最优方案，而人类棋手却常受心理因素的制约。

凭借这场胜利，我创下"农心杯"15 连胜的纪录，超越了被誉为"农心杯守护神"的李昌镐九段所保持的 14 连胜纪录。李昌镐前辈的这项纪录曾被视为难以打破，如今能亲手超越，既是荣幸，也是莫大的激励。

至此，比赛仅剩最后一局。

# 第25届"农心辛拉面杯"世界围棋团体锦标赛本赛第14局(最终局)

 申真谞 九段　　 辜梓豪 九段

比赛时间：2024年2月23日

比赛用时：每方1小时，1次1分钟读秒，贴6目半

比赛结果：共249手，黑中盘胜

## 亮点解析1

通往冠军之路曾遥不可及，但不知不觉间，我已站在决赛的舞台上。此刻，只剩下最后一位对手——辜梓豪九段。2023年"衢州烂柯杯"世界围棋公开赛决赛负于他的遗憾至今仍历历在目，但此后我对其取得两连胜，这不仅增强了我的信心，也让我更加期待这场对决。辜梓豪九段心理素质极佳，关键时刻总能保持冷静，其品格亦令人敬佩。面对这样的对手，我深知这不仅是一场棋艺的较量，更是一场意志与心态的比拼。

作为决胜局，本场比赛备受瞩目，赛场内弥漫着紧张的气氛。在众多支持者的鼓励下，我并不感到孤单，甚至有种宇宙能量汇聚于身的奇妙感受。我告诫自己，要如往常般沉着冷静，全神贯注地投入到对局中。

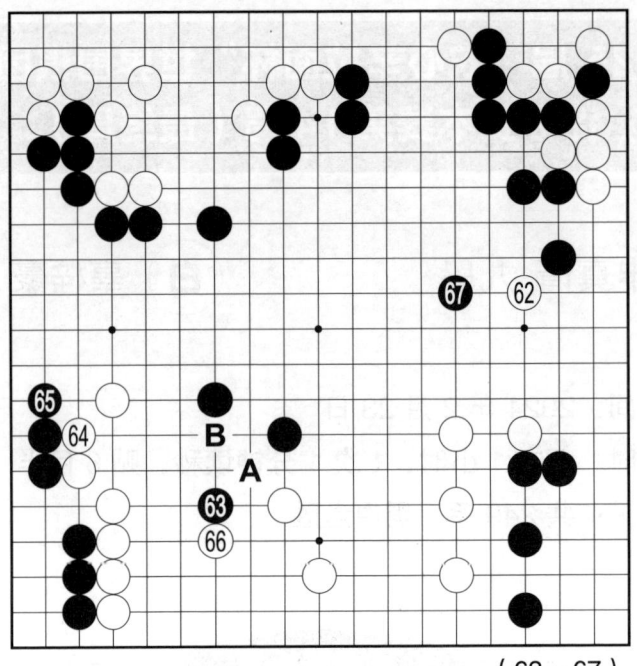

（62～67）
实战图 1

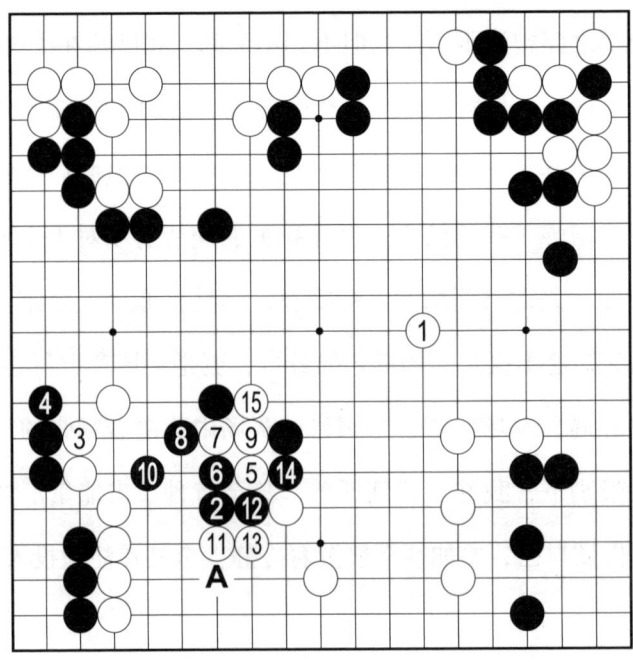

变化图 1

开局双方都下得滴水不漏，均选择稳健厚实的布局。辜梓豪九段擅长厚势棋风，而我认为自己的开局也契合个人风格，进展顺畅。我虽偏好激烈战斗，但对本局行云流水般的布局依然充满信心。

实战白62肩冲的下法若改为变化图1中的白1大飞，或许更为精妙。原因在于，当黑棋如变化图1中2位侵消时，白可于5位尖入，再于11位而非A位封锁。即便黑12、黑14可断开白棋，白15长出后，白1的位置便能巧妙发挥"引征"的作用，令黑棋陷入困境。

实战黑63强行打入白阵，手段凌厉。对白棋而言，退让最为稳妥，但这显然非辜梓豪九段所能接受的。白64贴看似恶手，实则意在巩固自身。辜梓豪九段的意图显然是先筑厚自身，再伺机于A位或B位攻击黑棋的弱点。然而，经过一番深思熟虑，他最终选择了白66退让，若强攻黑棋的弱点，左下角的白棋尚未活净，我对战斗颇有信心。

此局面下，辜梓豪九段陷入长考。他似乎在搜寻反击手段，但最终判断没有合适的选择，于是选择忍耐而非贸然出击。这或许是拉长战线的策略，展现了他作为胜负师的沉稳风范。

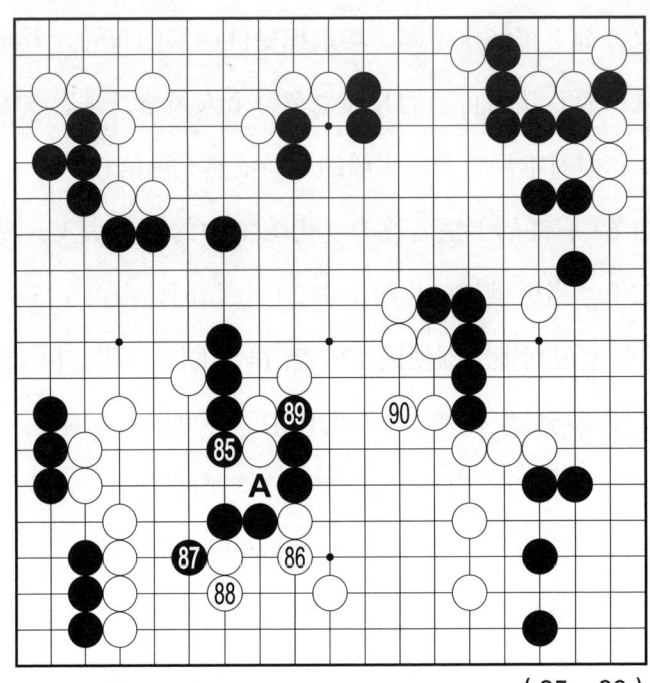

实战图 2　（85～90）

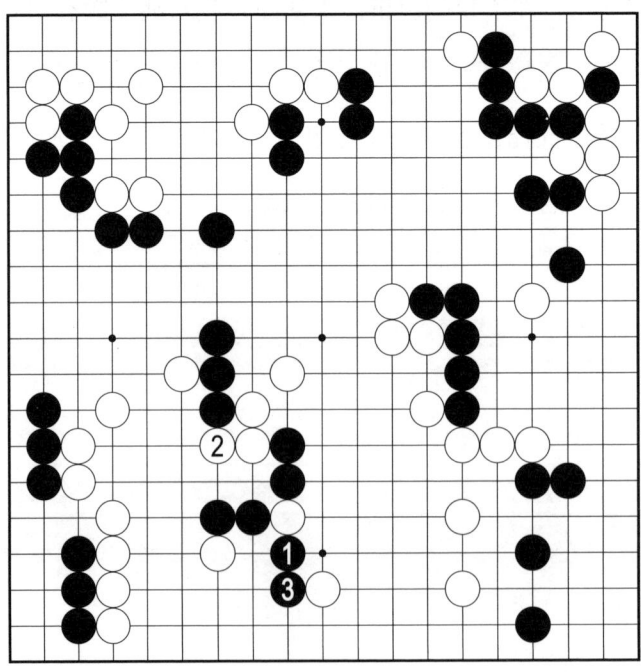

变化图 2

实战黑85若改为变化图2中的黑1先打吃，待白2断后再以黑3挡下，局面或许即刻迎来胜负之争。虽然黑棋的棋形并不稳固，但可以借此削弱白棋下边的实地，并引发战斗，AI也推荐了这一变化。我当时也考虑过反击，但察觉对手的状态略有动摇，因此选择了更稳妥的实战下法。黑85后，按棋势流向，我预计白棋会在A位断开，但辜梓豪九段迅速恢复冷静，选择白86退回。白棋退让妥协的那一刻，我不禁有些懊悔："或许该反击并决一胜负？"尤其是在对手已进入读秒的情况下，若能选择战斗，局面或许更加有利于我。

尽管错失良机，但至黑89，黑棋仍保持优势。

### 亮点解析 2

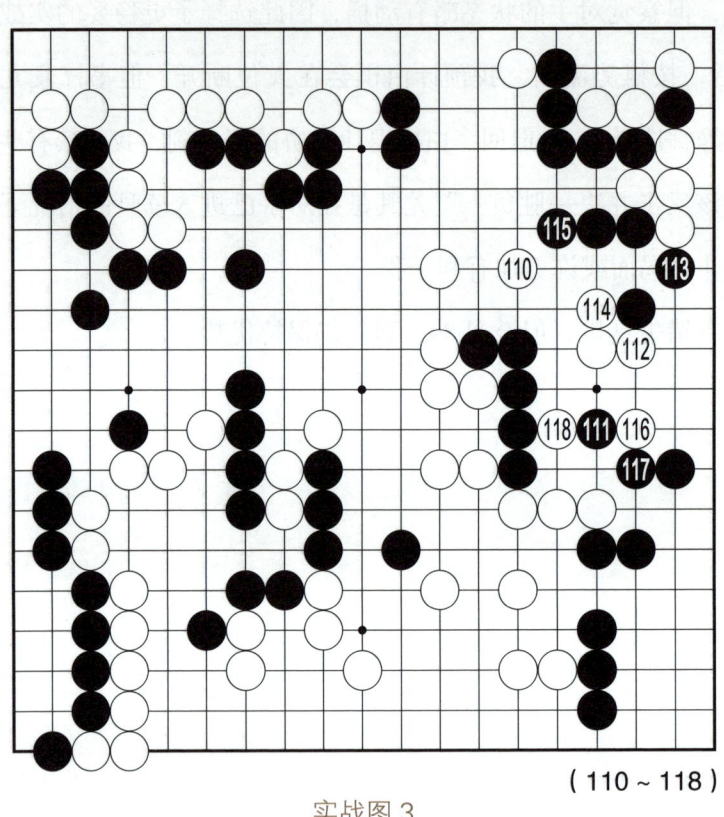

（110～118）
实战图 3

　　进入中盘，黑棋占据主动。然而，实战图 3 中，当白 110 落下后，我选择了黑 111 跳回，这无疑是本局最为遗憾的一手。

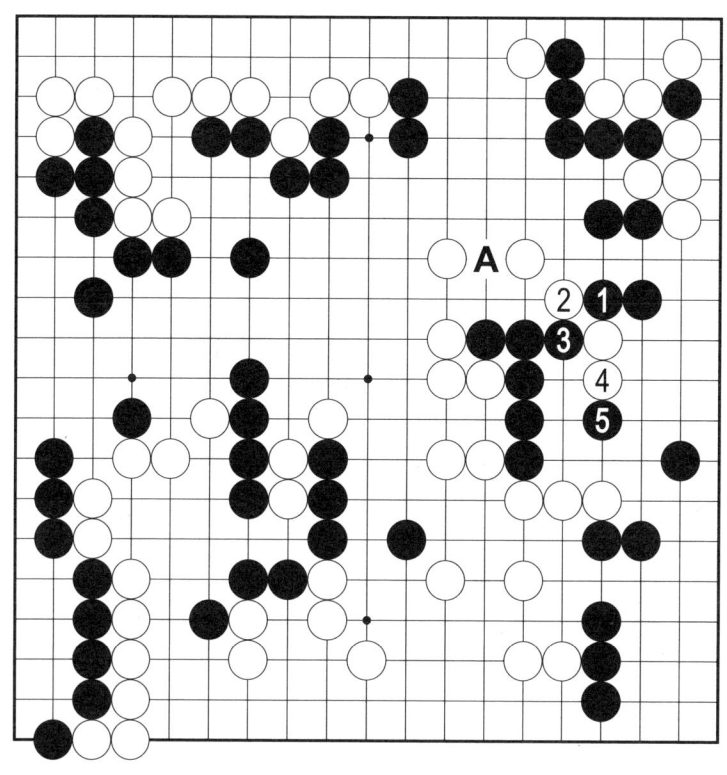

变化图3

实战黑111的正确下法应如变化图3所示，先以黑1、黑3断开白棋。若白2、白4应战，黑5即可吃住白棋两子，且白棋A位的弱点犹存，白棋将难以为继。

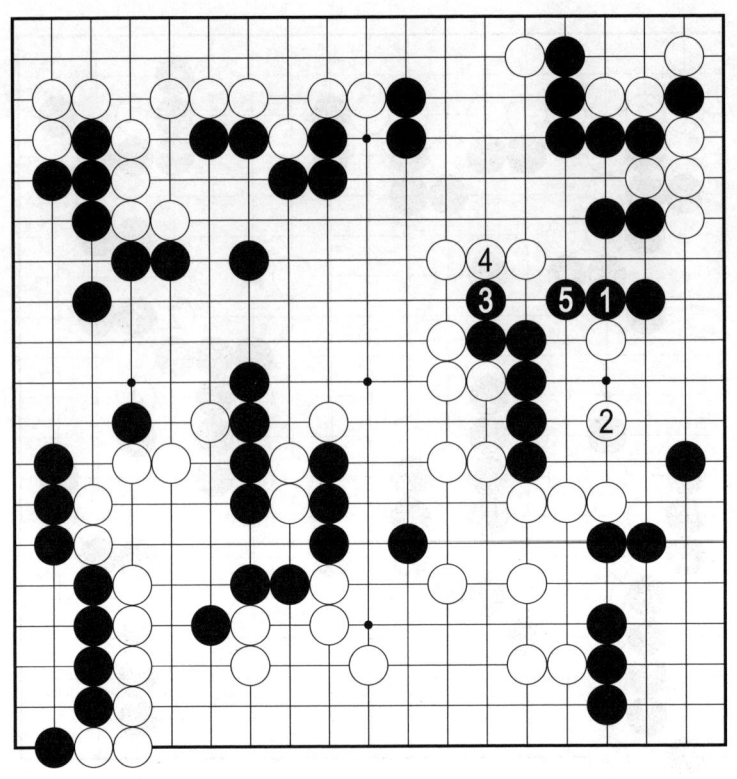

变化图 4

因此,白棋的最佳选择应是变化图 4 中的白 2 跳回。但如此一来,黑 3、黑 5 可稳健连接,巩固优势,为后半盘奠定坚实的基础。

辛梓豪九段迅速抓住机会,实战白 116 靠,接着白 118 挖断,使黑棋顿时陷入困境,黑棋形势急转直下。那一刻,我的心猛地一紧,而留给我的思考时间已所剩无几,读秒迫在眉睫。不仅是我,恐怕所有观战的韩国棋迷此刻都为我捏了一把汗。

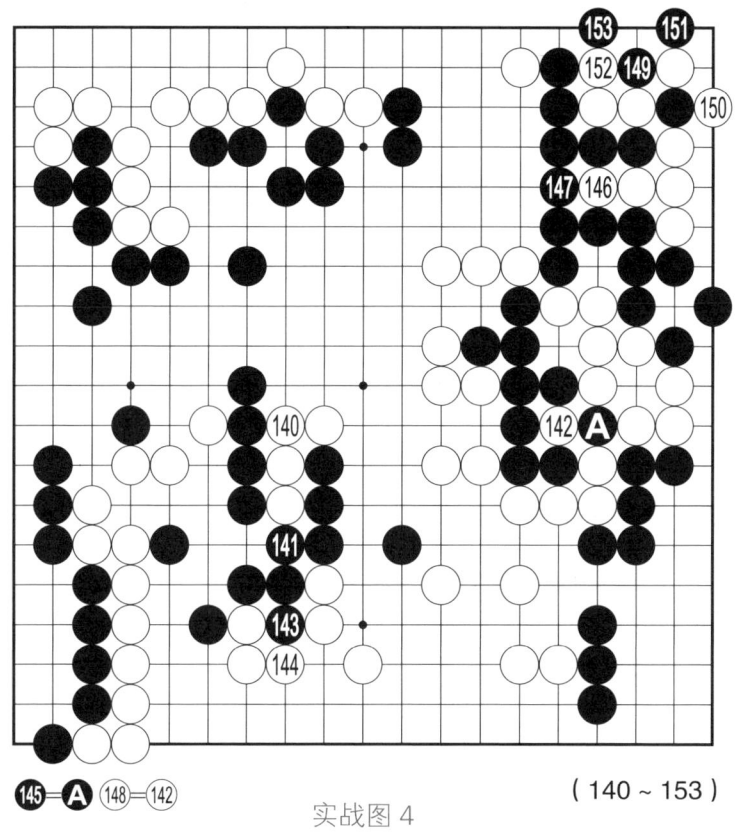

实战图 4 （140~153）

最终，右边形成了一处大龙互缠的"缓一气劫"。此劫白棋劫材充足，略占优势，而黑棋能否挑起右上角的劫争至关重要。我不断计算劫材，却发现不易取胜，因此犹豫不决。

然而，就在关键时刻，实战白 140 成为致命的一手，此手提前消除了右上角劫争爆发时白棋的劫材。若之后白于 150 位提，消除右上角的劫味，黑棋将难以翻盘。即便是平日沉稳的辜梓豪九段，也在此刻出现了动摇。

59

不过，黑 143 的冲同样是一个失误，此手是右上角劫争的关键劫材，使原本可以更主动的战斗变得复杂。正确的选择应是黑棋先挑起右上角的劫争，再利用劫材逐步收束。然而，在这紧张时刻，我们两人似乎都被情绪蒙蔽，未能做出最冷静的判断。若对手顺势解消右上角的劫争，棋局或宣告结束。那一刻，我只觉得口干舌燥，心跳加速。

在关键时刻，双方相继出现失误，但最终，黑棋通过 149 至 153 的顺序，成功引发右上角的劫争。胜负的天平终于向我倾斜。

之前的失误必须迅速抛诸脑后，否则只会让自己越陷越深。我深知，这是千载难逢的翻盘良机，必须全神贯注。从这一刻起，比拼的不再只是计算力，更是意志力与专注力的较量。

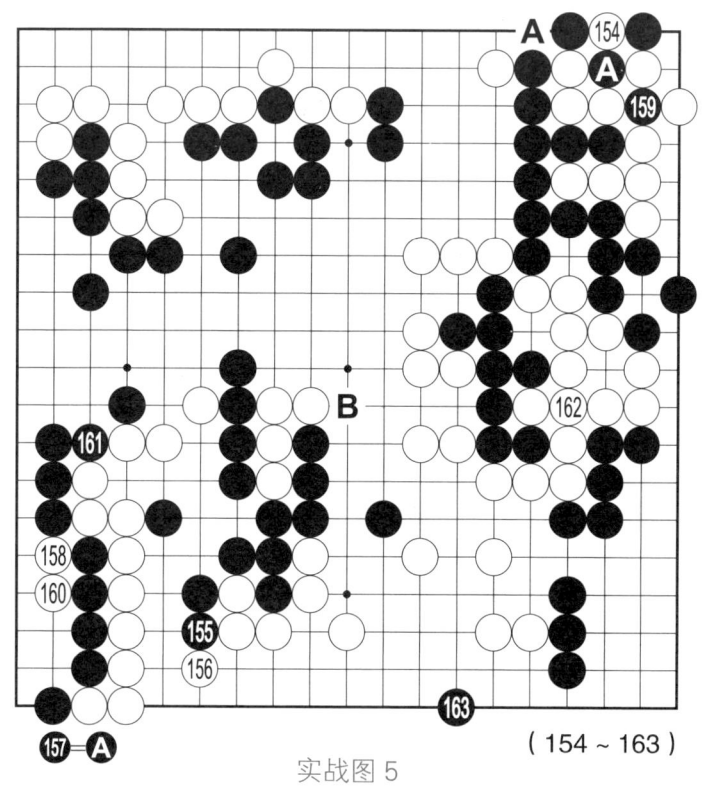

实战图 5 （154～163）

在实战图 5 中，黑 155 落下后，白棋选择了白 156 应劫。然而，白棋此时应当在 A 位消劫。当白 156 选择应劫的那一刻，我有种强烈的预感——胜利，或许已在向我招手。胜负，往往只在一念之间。

最终，实战黑棋赢得右上角的劫争，白棋则借机吃掉左下角的黑棋。然而，这一交换的结果是黑棋依然保持微弱优势。此后，白 162 粘成为本局致命败着，此手若在 B 位长出，白棋仍有机会争取主动权。

黑 163 落下，胜势已定。至此，棋盘上的所有变数都烟消云散。我自信满满地以大飞收官，确保韩国队在本届"农心杯"中夺冠！

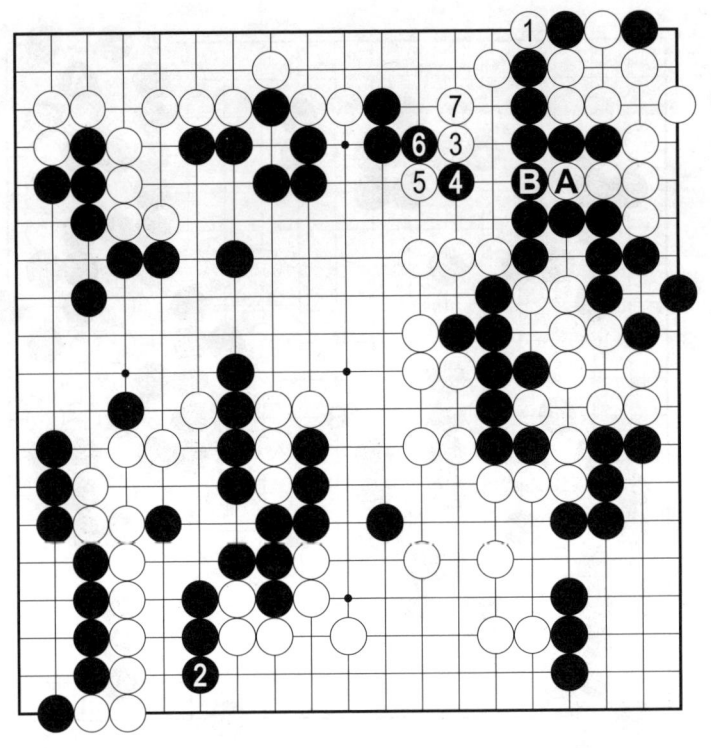

变化图 5

实战白156若按变化图5的下法进行,由于白Ⓐ(白146)与黑Ⓑ(黑147)的交换,黑棋的眼形将彻底消失,黑大龙难以做活。如此一来,左下角的白大龙与右上角的黑大龙交换后,白棋仍可保持微弱优势。但在读秒的压力下,精准判断如此复杂的劫争与全局形势,几乎是不可能的。此刻,棋手唯有凭借直觉决断胜负。

最终,辜梓豪九段在第 249 手时停钟认输。对他而言,这盘棋曾数次浮现胜机,这场失利或许令他难以释怀。然而,作为职业棋手,面对失败的苦涩,从中汲取经验并砥砺前行,正是胜负师的宿命。

随着这场胜利的到来，第 25 届"农心辛拉面杯"世界围棋团体锦标赛的冠军，最终归属于韩国队。对我个人而言，作为终结者，我不仅为韩国队锁定胜局，更创造了"六连胜"的新纪录。漫长的战斗终于落幕，刹那间，安心与喜悦的情绪一齐涌上心头。这一刻，我终于可以卸下所有压力，尽情享受胜利的喜悦。

## 贰

### 职业棋手之道

不因失误沮丧，而是努力弥补；坚信自己能掌控局面，在困境中依然保持希望。

## 存在即学习

"即使我击败了所有其他韩国棋手,只要李昌镐还在,那一切才刚刚开始。"

这句话出自中国围棋名将常昊九段。

随着我在棋坛崭露头角,人们开始将我与李昌镐九段相提并论。在棋迷之间,关于我俩的比较似乎成了热门话题。

与这样一位伟大的前辈相比较,感觉颇为微妙。李昌镐九段走出了属于他的传奇之路,而我也在探索自己的围棋之路。这种比较究竟有无意义,我时常感到困惑。

实际上,我与李昌镐九段有天壤之别。单论战绩,他的辉煌成就高不可攀,我远非能与之比肩之人,能与他并提,已是莫大荣幸。李昌镐九段的职业高度与在棋界的地位,即便我以现有的努力再坚持十年,或许也难以企及。

更何况,李昌镐九段对围棋的贡献远不止胜局数和夺得的冠军,他甚至重新定义了围棋。我认为现代围棋历经两次重大变革,第一次源于"新布局"的诞生，吴清源九段与木谷实九段共同提出了"新布局"这一理念，为现代围棋奠定了基础。

而推动围棋迈入下一个阶段的人，正是李昌镐九段。他倡导从开局至终局要步步精算，尤其在官子阶段，将精密计算与判断发挥到了极致。相较于序盘与中盘，他更重视此前少有人深究的官子领域，开辟了围棋新范式。他对全局的持续精准掌控，如今已成为职业棋手必备的基本能力。

李昌镐时代之后，围棋又将如何发展呢？AI 的到来，让许多人预言围棋将迎来又一次变革。不过，这一变革的发展趋势还不够明确。如今，包括我在内的无数棋手都在钻研 AI，如何将 AI 的思维融入自身棋艺，已成为当代围棋的核心课题。若能汇集所有棋手与 AI 交锋所积累的智慧，或许我们终能描绘出全新的围棋蓝图。

在一项韩国全国性调查中，人们提及"围棋"时，最先想到的并非"AlphaGo"，而是李世石九段。李世石九段已于 2019 年退役。即便如此，许多人仍然认为"围棋=李世石"。这不仅仅是因为李世石的实力和个性，更因为他与 AlphaGo 那场惊世之战所带来的震撼与感动深深刻在了人们心中。

AI 与人类的关系，必将成为未来持续探讨的课题，而李世石九段无疑将作为标志性人物被铭记。我身处 AI 高度发达的时代，与戏剧性开启这一时代的李世石九段相比，我不过是步入此时代的众多棋手之一，难以与他相提并论。

然而，若无那场与 AI 的世纪对决，调查结果是否会有所不同？换句话说，这个名字是否会变为"李昌镐"？只要是下围棋的人，也许都会认为李昌镐九段是围棋界活着的传奇。（许多人误以为李昌镐九段已经退役，实际上他仍是一名现役职业棋手。）

人们对围棋棋手的刻板印象，大多与李昌镐九段的形象契合——沉稳、冷静、寡言。这样的气质正好印证了"李昌镐即围棋，围棋即李昌镐"的深意。

我所追求的最终目标似乎有李昌镐的影子，然而，他的成就与我的理想是否一致？即便我全力以赴，能否企及他的那般高度，我无从知晓。我能做的，只有怀揣梦想，一步一步地努力向前。

我未曾直接受教于李昌镐九段或李世石九段。过去，听说曹薰铉老师培养出李昌镐九段这样的杰出弟子，师徒之间有着严谨的传承关系。但如今，这样的模式似乎已不常见。

我极少有机会与李世石、李昌镐两位前辈深入交流。我曾在围棋联赛中与李昌镐九段同队并因此相识，但当时年幼，即便见面，也难以提出真正有价值的问题，更别说从他身上学到精髓。若现在还能成为队友，我一定会不厌其烦地向他请教。然而，时过境迁，这样的机会已不复存在。

至今，我鼓起勇气向李昌镐九段请教的问题，仅有一个：

"老师，您在普通比赛与世界大赛的重要对局中，分别如何准备？"

那时，我正因接连不断的比赛感到疲惫，便带着一丝期待提出了这个问题，希望前辈能传授一些调整状态的方法。

李昌镐九段的回答，尽显"李昌镐风格"。

"我都是同样地准备。"

不论何时何地，都全力以赴。这，才是真正职业棋手应有的态度。

仅通过追溯前辈的人生与故事，便足以使人受益匪浅。即便是非职业棋手，也能从李昌镐九段与李世石九段身上获得启发与感动。作为职业棋手，我们对他们的敬意更不言而喻。

　　从前辈的棋局中，我不仅学到棋艺，更在精神层面有所升华。李昌镐九段与李世石九段各具天生的个性与气质。乍看棋风迥异，但细究之下，二者皆拥有"第一人"必备的特质——冷静与锋芒。

　　若撇开李昌镐与李世石这两个名字，我们几乎无法完整地谈论韩国围棋。这两位棋手留下的辉煌战绩与无数经典对局，能将他们视作自己的前辈，使我深感荣幸。

　　正是有了这些先驱，我们这一代韩国棋手才能在广泛的支持与关注下延续职业生涯。我并不确定自己究竟能走多远，但若能为巩固韩国围棋的根基贡献一份力量，我愿随时挺身而出，延续前辈们的努力。

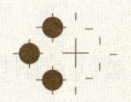

AI 是永无止境的挑战。

即使登上世界围棋第一的宝座,我也不敢懈怠,

因为更强的 AI 始终屹立在前。

我能在人类棋手中称雄,并不意味着我是围棋的最强者,

正因如此,我必须不断奋力前行。

### AI，既是朋友，也是师长

自成为职业棋手以来，我被问及围棋 AI 的问题不计其数。或许因为在众多职业棋手中，我是对 AI 运用得最为积极的一员。

以当前顶尖职业棋手的水平为基准，人类与 AI 的差距大约在两到三子之间。换言之，若要实现人类棋手与 AI 公平对弈，AI 需要让人类棋手两到三子。在职业围棋的世界里，这样的差距已是天壤之别。由此可见，AI 在当今围棋界的地位已无人能及。

自 2016 年李世石九段与 AlphaGo 对决以来，学习围棋的方式发生了翻天覆地的变化。由于 AI 能够给出"标准答案"，绝大多数职业棋手都借助 AI 进行研究。而我之所以被誉为"新人工智能"，正是因为我的棋风与 AI 所追求的围棋理念高度契合。

过去，棋谱是珍贵的学习资源，我也曾通过钻研李世石九段、朴廷桓九段的棋谱提升棋艺。但如今不同，AI 能直接给出最优解。那些曾被奉为经典的对局，如今看来，未必符合当代围棋的标准。

因此，我并不认为自己的棋谱能为后辈提供决定性的学习价值，或许它仅能作为参考，展示在接受 AI "标准答案"前，棋手们曾探索过的各种变化。

自AlphaGo问世以来，围棋AI不断进化。人类棋手虽也在努力精进，却始终无法赶上AI的进步速度。如今，学习AI已成为职业棋手的基本功。甚至有人认为，各国掌握的AI技术水平，将直接决定棋手的整体实力。

在围棋AI领域，中国无疑处于领先地位。中国棋手依托全球最先进的AI训练，但这并未让他们在比赛中形成压倒性优势。韩国同样拥有顶尖的围棋AI，并且随着技术的成熟，AI的更新迭代已趋于平稳，各国AI版本之间的差异已不足以显著影响职业棋手的训练效果。

关于AI，人们的看法不尽相同。有人满怀期待，有人心存恐惧，甚至排斥。在我的童年时代，AI尚未诞生，因此，当它首次闯入围棋世界，我的内心充满困惑与不安。面对这样一个棋力远超人类的工具，我们该如何驾驭？无人能给出确切答案。最初，我也曾在全盘接受AI与坚守传统之间摇摆。经历漫长的摸索，我终于找到了一条适合自己的方式——将AI融入自身对围棋的理解中，并以此为基石，以全新的方式进行围棋训练。

如今，我的训练大多与AI相伴，它既是最优秀的导师，也是最强大的陪练。有了AI，以往需要三小时解析的局面，现在或许只需三十分钟便可明晰。不过，我极少直接与AI对弈。毕竟，AI的思维方式和节奏与人类截然不同，与其对弈并不能很好地为实战做准备。真正有价值的训练，仍需通过与真人对弈来完成。

职业棋手常将AI推荐的最佳着点称为"蓝点"，"蓝点"意为AI围棋软件用蓝色圆点标记出的最优落点。然而，仅记住"蓝点"就算掌握了AI围棋吗？我并不这样认为。

单纯模仿AI的选择，只会让围棋的学习陷入局限。真正的AI研究，不是简单地追随它的推荐着法，而是在"标准答案"之上进一步探索、深化，淬炼出属于自己的棋路。这是一种超越"正确答案"的思维方式。

AI的下棋方式与人类截然不同，它不依赖直觉或手感，而是凭借严密的计算与数学逻辑推演出最优解。其棋风冷酷无情、极致高效，与之对弈，仿佛被困在一座冰冷的牢笼中，令人窒息，却又充满挑战。

AI将如何影响围棋发展，至今仍是一个饱受争议的话题。乐观者认为它推动了围棋的进步，悲观者则忧虑其会让围棋失去原有的魅力。事实上，不仅是在围棋领域，而是AI渗透到人类社会各个领域后引发的普遍思考——人工智能将如何重塑世界？它是否会冲击乃至取代人类的创造力与个性？

若将这个问题置于围棋的语境中，便与"棋风"息息相关。棋风是每位职业棋手独有的风格，不同时代的顶尖棋手皆有鲜明风格，提及某位棋手的名字，往往就能联想到他的独特下法。这不仅是个性的体现，更是他们在无数训练与实战中磨砺出的制胜之道。然而，AI的到来令人担忧——若棋手皆向AI学习，棋手的棋风是否会逐渐消失？最适应AI体系的棋手，是否最终会取代个性化风格的棋手？

关于这个问题，没有绝对的答案。但作为仍活跃于棋坛的职业棋手，我认为与其担忧AI的影响，不如思考如何更好地利用它。

虽然目前AI的棋力比人类高出两三子，我却不视其为不可逾越的鸿沟。对于实力达到一定高度的职业棋手而言，即便按照自身风格下棋，与AI的最优解也未必相去甚远。这意味着在围棋的"终极答案"上，人类正在无限接近AI对围棋的认知。

细究之下，AI 出现后，棋手对围棋的研究模式与以往并无本质不同。以往，棋手通过集体探讨与棋谱分析判出最优解；如今，AI 只是让这一过程更加系统化，并通过精准计算进行验证。无论在哪个时代，棋手始终在用当下最先进的工具寻找围棋的答案。

因此，尽管 AI 彻底改变了棋手训练的方式，但在实战对局中，即便棋手深入研究 AI 给出的正解，也无法将所有变化尽数记住并运用。最终，我们仍需在 AI 的基础上构建契合自身节奏的棋路，并根据当下局势判断落子。

从这个角度来看，与其说棋手的棋风消失了，不如说它变得更隐晦了。之所以有人觉得棋手的棋风淡化了，是因为当今围棋较过去更复杂，棋手整体水平大幅提升。对于职业棋手而言，棋风依然存在，只是表现得更为细腻，非专业人士难以察觉罢了。

类似的讨论也出现在"妙手"的概念上。有人认为 AI 时代妙手已绝迹，但这并不准确。妙手始终存在，只是如今的评判标准大幅提高，发现并阐释其妙处愈发困难。

如今，妙手不再等同于 AI 的"蓝点"。"蓝点"代表的是"正手"，即 AI 计算出的最优解，而妙手须超越 AI 的计算，打破其逻辑，难度较以往更甚。

随着利用 AI 训练体系的进化，棋手对"应追求之道"与"应规避之路"的认知愈发清晰，这使得棋风和妙手似乎变得不那么明显。有人甚至认为，现代棋局已趋于同质化。此外，一些曾大放异彩的棋风，因难以适应 AI 时代的高精计算，竞争力渐失，如不计后果、孤注一掷的激进风格，如今已难觅踪影。

即便被视为最擅长利用AI的棋手，我依然保持着属于自己的风格。与我交手过的无数职业棋手中，每人皆有独特棋风。只要围棋仍由人类来下，棋风与妙手便不会消失。真正值得探究的是，如何在AI的辅助下锤炼出制胜的风格，并在棋盘上发掘隐秘而致命的妙手。

若能将人类的大脑与身体机械化，那么训练人类棋手去下出最接近AI的棋或许会成为关键，已有不少职业棋手投入了大量时间尝试这样的训练。然而，围棋并无绝对答案，作为人类棋手，我深知自己无法彻底摆脱人类固有的弱点与不稳定性。在AI的棋局中，不容许有丝毫差错；而在人类的对弈中，一个看似错误的着法，从全局来看未必真是失误。

因此，在人类围棋的世界里，更重要的是：不因失误沮丧，而是努力弥补；坚信自己能掌控局面，在困境中依然保持希望。

如今，职业棋手的大多数对局都会被AI进行分析。AI给出的"标准答案"让棋迷能实时了解局势优劣及胜率变化，为棋迷提供了丰富的观赛体验。但棋迷皆知，AI计算出的胜率只是概率——即便某方胜率低至5%，仍有可能逆转取胜。我自己就曾有过这样的经历。

充分利用AI，但须始终牢记——棋终究是由人类去下的。这或许才是在AI时代成为围棋强者的真谛。

我比任何人都更深刻地感受到AI的绝对存在，也是利用AI学习最积极的棋手之一。但在我看来，AI不是桎梏，而是促使我不断攀登的新阶梯。

AI是一道无止境的挑战，它让我始终保持警醒，不敢有丝毫懈怠。即使在人类棋手中称雄，位居世界第一，我仍无法松懈，因为棋盘上总有更强的AI。因此，我必须日复一日地向前奔跑。

# 我在 AI 时代的
## 妙手

## "刀把五"妙手——
## 第19届亚运会围棋男子团体赛

**黑** 申真谞 九段　　　**白** 柯洁 九段

比赛时间：2023年9月30日

比赛用时：每方1小时，3次30秒读秒，贴7目半

比赛结果：共135手，黑中盘胜

### 亮点解析

2023年9月，在亚运会男子围棋团体赛中，我与柯洁九段展开了一场关键对局。由于在亚运会个人赛中仅获得铜牌，我格外渴望在这场比赛中证明自己。

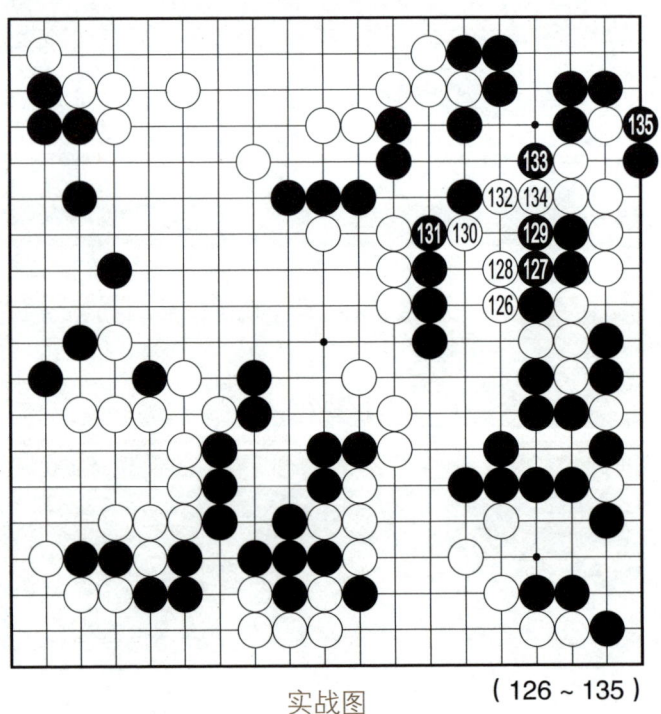

实战图　　　　　（126～135）

棋局进入后半盘，黑方局势占优。柯洁九段突袭右侧白棋，试图扭转局势。此时，白棋大龙的生死成为胜负的关键。白 126 打吃，黑 127 连接——此手后来被誉为"刀把五"妙手。有趣的是，AI 当时并未推荐此手，而是建议黑棋按变化图 1 的黑 1 曲。

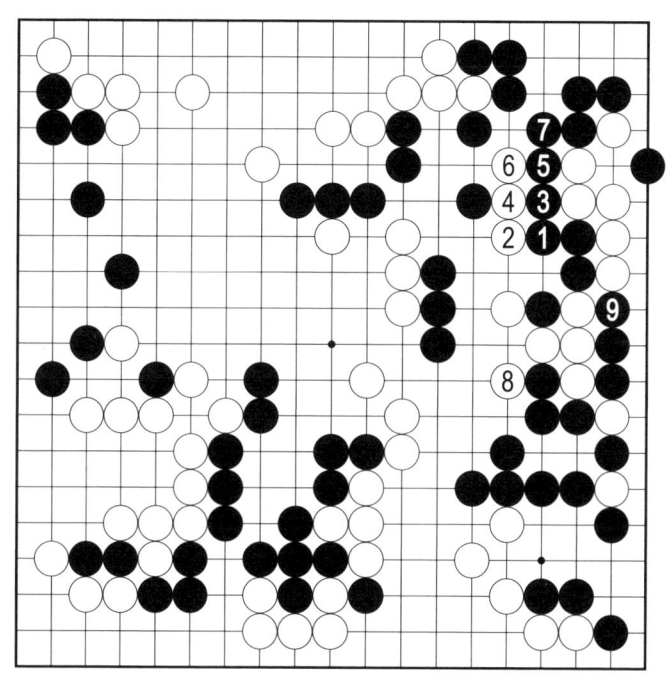

变化图 1

实际上，即便按照 AI 推荐的变化图 1 进行，黑棋仍可凭借黑 9 断取胜。

实战黑 127 粘后，AI 的胜率曲线瞬间向黑方倾斜。柯洁九段在实战中以白 130、白 132 求变，但黑 133 与白 134 交换后，再黑 135 渡过，白棋大龙依然被全灭。白棋大龙被杀，柯洁九段旋即投子认输。"刀把五"妙手助我赢得了一场酣畅淋漓的胜利。

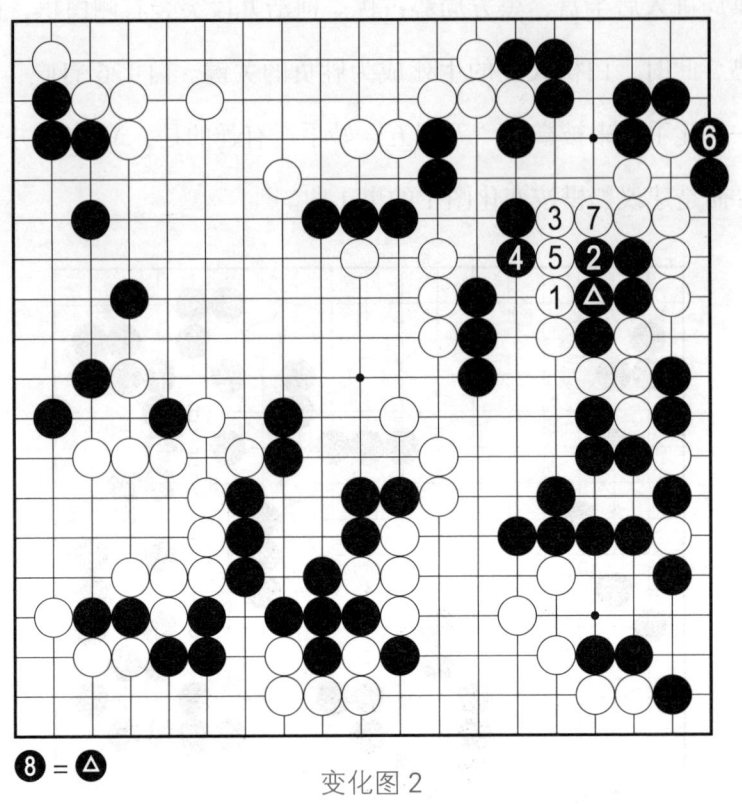

变化图 2

实战黑 127 的精妙之处在于，若白棋按变化图 2 中白 1 打吃，黑棋可在 2 位长气，形成"刀把五"。即便白 3 可以枷吃黑棋，黑 4 先与白 5 交换，再在 6 位渡过，白 7 吃掉黑五子，黑 8 仍可点杀，最终全歼白棋大龙。

这场胜利不仅提升了我的信心，也为韩国国家队注入了强劲动力。最终，我们团队成员携手奋战，成功斩获亚运会男子围棋团体赛金牌。

## "飞罩"妙手
## 韩国第 2 届最强棋士战五番棋决胜局

**黑** 朴廷桓 九段
（2 胜 2 负）

**白** 申真谞 九段
（2 胜 2 负）

比赛时间：2021 年 7 月 13 日
比赛用时：每方 2 小时，3 次 1 分钟读秒，贴 6 目半
比赛结果：白 246 手中盘胜

### 亮点解析

在我所有的对局中，最让我难忘的妙手出现在韩国第 2 届最强棋士战的最终局。当时，我与朴廷桓九段战成 2 比 2，胜负的悬念留至最后一局。我们的历史交手战绩极为接近——我以 20 胜 19 负略占上风。此五番棋的第四局我遭遇惨败，因此第五局至关重要，我绝不能让自己再度陷入被动。

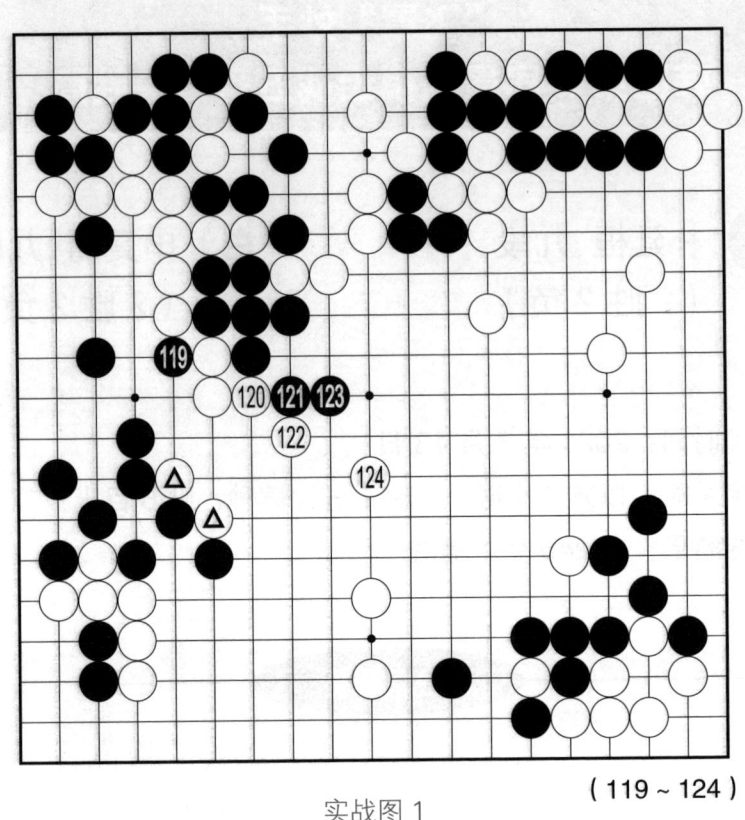

实战图 1　　　　　　　　　　（119～124）

黑 119 断，左右两方的攻防骤然成为胜负的焦点。左上的白棋只有 5 口气，黑棋若要活，必须让中央黑棋的气数超过 5 口；而白棋则需在 5 口气之内将黑棋捕获。白 120、白 122 后，黑 123 延气。这一刻，我陷入长考，如在迷雾中挣扎前行，忽然灵光乍现，发现了一招妙手——白 124 飞罩！

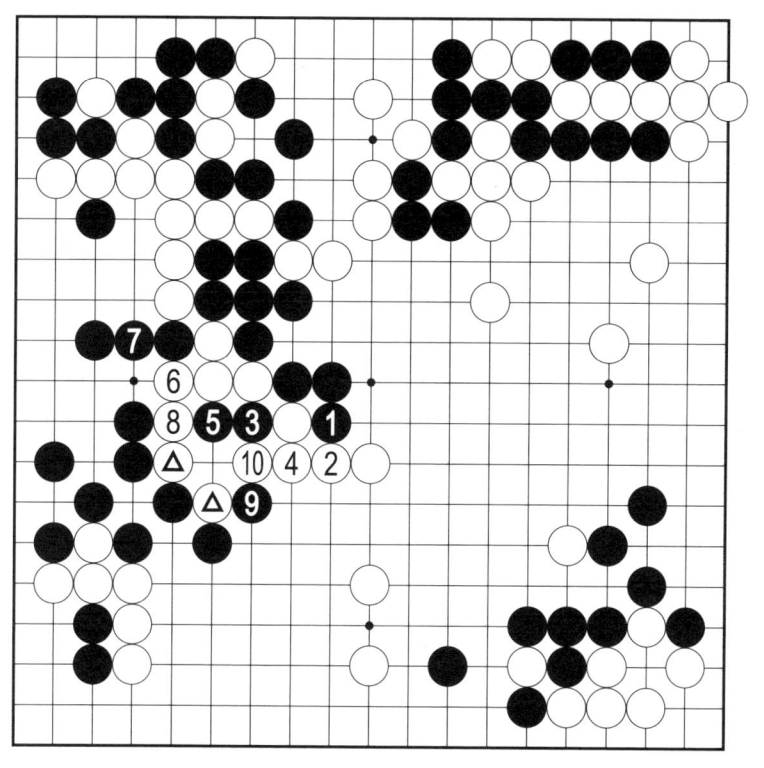

变化图 1

此手彻底改变了局势的走向。乍看之下,白棋棋形松散、破绽颇多,似乎难以形成有效封锁。然而,借助白△二子的协助,白棋的包围圈竟坚不可摧。若黑棋按变化图 1 的黑 1、黑 3 强行突围,至白 10,白棋即可捕获黑两子,使黑棋的企图彻底落空。

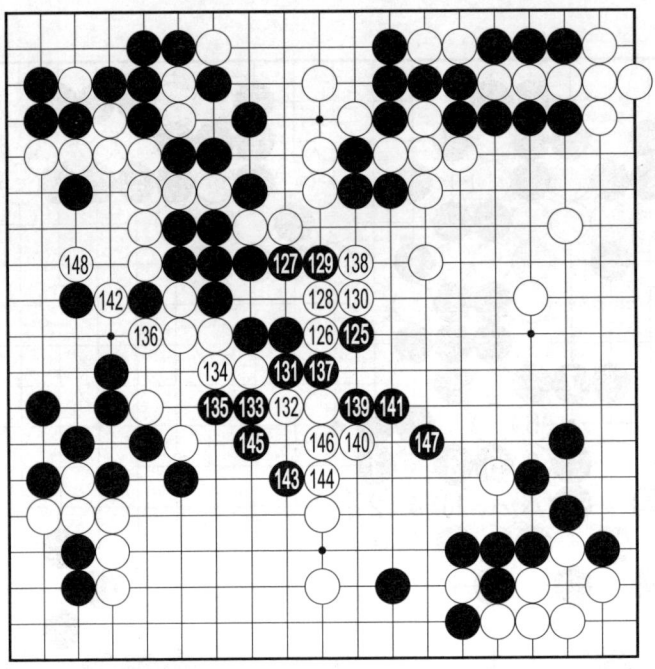

实战图2　（125～148）

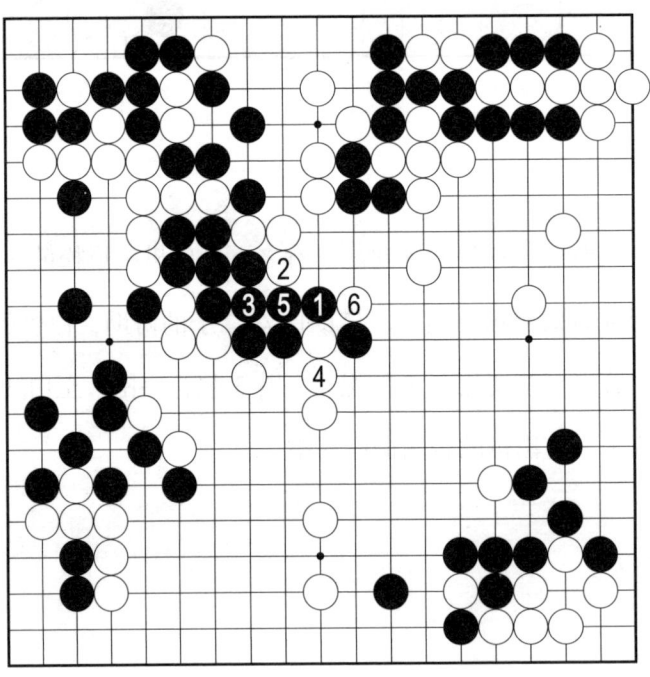

变化图2

朴廷桓九段经过深思熟虑后，选择实战图 2 中黑 125 跳出。我顺势祭出妙着——白 126 挖！这一手与白 124 相呼应，形成连环攻势。此处变化复杂，难以尽述，仅展示几个关键变化：若黑棋按变化图 2 中的黑 1 应对，白棋便可白 2 至白 6 分断黑棋，黑棋依然难以生还。

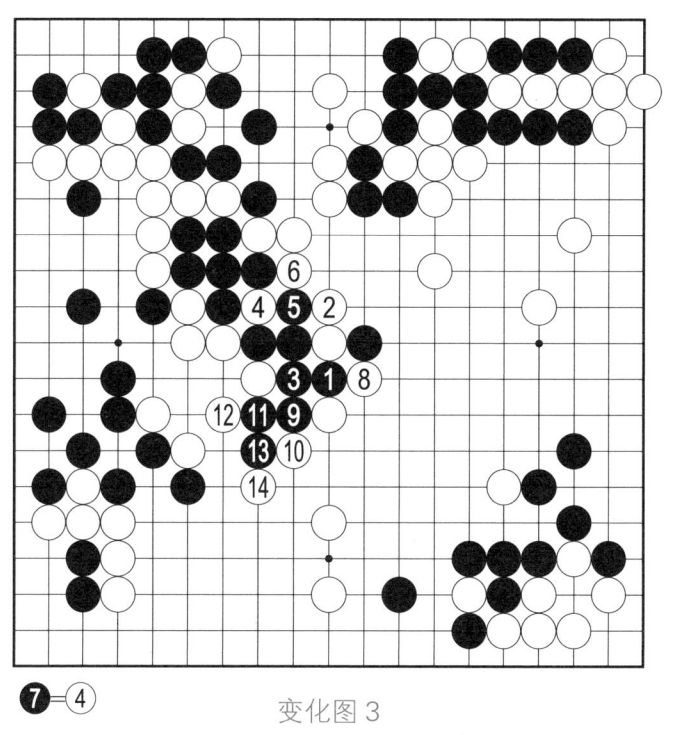

变化图 3

若黑棋选择变化图 3 中 1 位打吃，白棋则以白 2、白 4 收紧黑气，构成一个极为精妙的"征吃"杀法，精准且具艺术性。实战中，朴廷桓九段以黑 127 贴，局势顿时进入紧张状态。双方步步为营，展开激烈争夺，至白 142，双方戏剧般地达成妥协。

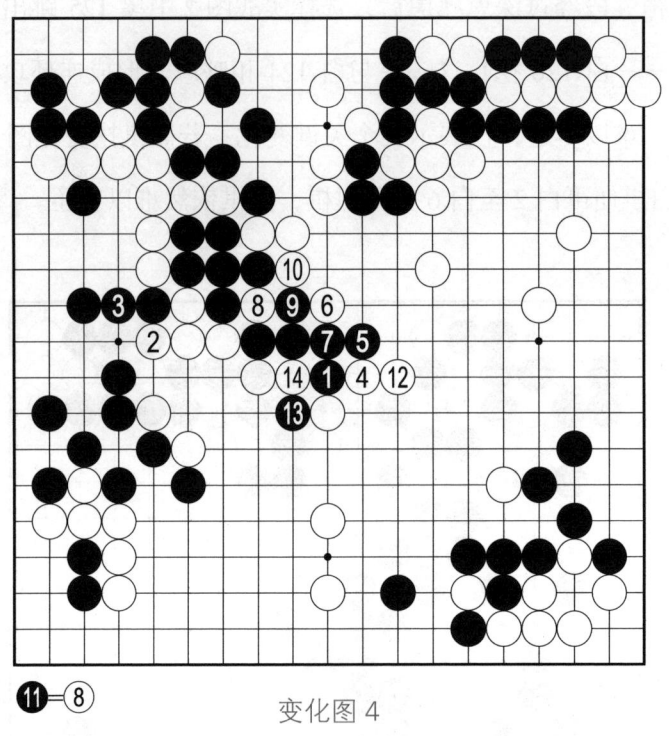

⑪=⑧　　　变化图 4

赛后,朴廷桓九段首先研究的正是变化图 4 中的黑 1 尖!这也是令棋迷们最为好奇的一手。然而,实战证明白 6 刺才是关键,至白 14,黑棋依然无法脱困。这步白 6 甚至连 AI 在计算时都未能发现,可见该处的攻防复杂程度远超常规计算。

凭借这场胜利,我成功卫冕,实现该赛事两连冠。这不仅是一场巅峰对决,更是一场震撼人心的经典之战。赛后,许多评论将其誉为"AlphaGo 时代后人类棋手最精彩的对局之一"。正因为对手是朴廷桓九段,我们才能共创此无憾名局。

"这个毛病,难道这辈子都改不过来吗?"

## 最大的敌人是自己

有段时间,我在即时通信软件的个人签名上写下了"忍"字。那段时间,我思考最多的问题就是忍耐。当然,这并非指日常琐事,而是围棋中的忍耐。棋局中,该忍耐时按捺不住,该冷静时却无法保持清醒,这让我一次次失利,最终陷入低谷。

那段经历并不美好,我甚至不愿回首。但不可否认,正是那段时光塑造了如今的我。挫折与失败固然令人痛苦,却也如同一剂"预防针",让我提前为未来做好准备,变得更加成熟。同时,也让我明白,弈棋如流水,过急则浊,缓则见清。

让我陷入低谷的原因并非来自外界,而是源于内心。

体育比赛多是人与人之间的较量,不同的对手带来不同的挑战,围棋亦是如此,面对不同的对手,需要采取不同的应对策略。

然而,在漫长的职业生涯中,我逐渐认识到,围棋之路上最大的障碍,往往不是对手,而是自己。

仔细想想,这实在令人感到可怕——我最大的敌人,竟然是我自己。若困难来自外部,我尚可通过分析、研究和准备来加以应对,可"自我"

却难以看透。要客观审视自己，绝非易事。

回想我十五六岁刚踏入职业棋坛的日子，那是一段美好的时光。尽管当时我的棋风过于激进，不够沉稳，但我仍接连夺得了多个冠军，甚至在国内顶级赛事之一的锦标赛中摘得桂冠。十七岁之前，我几乎每天都能感受到自己棋力的提升，仿佛无论对手是谁，我都有必胜的信心。那时，我开始能在与一流棋手的对决中获胜，甚至在世界大赛中也开始取得接近冠军的成绩。

然而，这一路顺风顺水的日子，在2016年的"LG杯"上出现了波折。

"LG杯"至今仍是围棋界最重要的赛事之一。在围棋比赛中，状态与气势至关重要。当时，我以全胜战绩晋级四强，已在脑海里勾勒出夺冠的画面。半决赛的对手是中国棋手党毅飞，我曾在过往的交手中多次击败他，这让我信心十足。

然而，就在那场关键对局开始前，我遭遇了一场荒唐的意外——比赛定于上午十点开始，我本应在八点起床准备，可那天不知为何，手机闹钟竟未响起，我睡过了头。

直到听见有人猛烈敲门，我才猛然惊醒。至今，我仍记得当时看到的时间——九点三十二分。我手忙脚乱地起床，匆匆洗漱，随后赶往比赛场地。

或许从那一刻起，我的节奏便已被打乱。那盘棋开局阶段我信心满满，局势也进展顺利。然而，进入中盘，我犯了一个很大的错误，损失逐渐扩大。而这一切，正是因为我的急躁与轻率。

其实即便到了那时，若我能沉下心调整心态，专注于棋局，仍有逆转的机会。然而，我情绪占了上风，开始感到烦躁，使我无法做出冷静的判断。

最终，我在这盘棋中下出了人生中最糟糕的一手（棋谱内容详见第94~96页）。若用足球来比喻，就如同在球门前只需轻轻一推便可进球，我却将球狠狠踢向了天空。而这糟糕的一手，并非因时间紧迫，当时我还有足足一小时二十分钟的思考时间，而是因为我没能战胜自己的情绪与冲动。

因这一几乎无法挽回的败着，就这样我错失了首次夺得世界大赛冠军的机会。

我曾天真地以为，只要能参加世界大赛，我便能有出色表现。然而，这场比赛让我的所有幻想彻底破灭。幼时，我也曾因不够冷静而发挥失常，输掉一些重要的比赛，但这次"LG杯"半决赛失利，却是对我前所未有的沉重打击。

身为职业棋手，在如此关键的比赛中因低级失误而落败，不仅让许多支持我的棋迷失望透顶，更让我内心充满愧疚与羞耻。

所谓"当局者迷，旁观者清"，意指旁观者能以冷静的视角审视局面，因而视野更宽广。而职业棋手若想登上更高境界，不仅需如旁观者般冷静，还要比任何人都更清晰地洞察棋局。然而，我却在关键时刻迷失了自我，无法自拔。

"这个毛病，难道这辈子都改不过来吗？"

父亲见我反复犯下同样的错误时说的这句话，仿佛成了束缚我整个围棋人生的预言。我至今仍以棋为生，却开始怀疑自己是否真该继续走围棋这条路。

作为被寄予厚望的天才棋手，我曾一路刷新多项最年轻夺冠纪录，只知向前冲，却从未学会如何面对失败，更遑论从失败中吸取教训、重整旗鼓。此后，我历经多次低谷，也知道未来还会有更多挑战，但那一次的挫败感与随之而来的绝望，仍是我围棋生涯中最沉重、最深刻、最漫长的一次。回首往事，从未有过比那时更严重的低谷期。我不断自责，甚至怀疑自己是否真有成为顶尖棋手的潜质，或许当时身边人曾不断鼓励我，但我已听不进去，也完全不记得他们说了什么。

低谷最可怕之处在于，它会让人陷入恶性循环。遭遇挫折时，本应寻找解决之道，可坏心情却引来更糟的负面情绪，焦虑与恐惧如雪球般越滚越大。

若能有个戏剧性的转折，让我瞬间走出那段黑暗岁月，该有多好，然而并没有。如今再看，那时的困境似乎也没什么大不了，但当时，我身处的那条隧道，却无比幽深黑暗，仿佛永无尽头。

在摸索前行的过程中，我始终告诉自己"都已走到这里了，不能轻易放弃"。于是，我硬着头皮，一场接一场地去应对接踵而至的比赛。尽管状态欠佳，我还是赢下了几场比赛，渐渐找回了一丝希望。在最艰难的时刻，哪怕微小的胜利也能带来莫大的安慰。

要走出低谷，最重要的是积累那些能让自己振奋的小进步与小喜悦。这些微小的正向反馈，会成为强大的动力，最终引领你脱离困境。当事情不顺时，不要急于寻找某个"神奇的突破口"，而是要放慢脚步，一点一滴地积累。这正是我想对那些正身处人生低谷的人说的话。

## "LG 杯"最糟糕的一手!

## 第 21 届"LG 杯"世界围棋棋王战半决赛

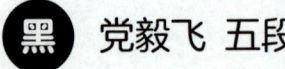 党毅飞 五段　　　白 申真谞 六段

比赛时间：2016 年 11 月 16 日
比赛用时：每方 3 小时，5 次 40 秒读秒，贴 6 目半
比赛结果：共 165 手，黑中盘胜

### 亮点解析

2016 年，第 21 届"LG 杯"世界围棋棋王战半决赛在中国杭州举行。我的对手是以深厚的计算力和强大的逆转能力著称的党毅飞九段。

这盘棋我一度颇为有利，但在中盘出现的几次失误使局面变得不容乐观，即便如此，我仍稍占主动。然而，我的一手败着彻底断送了局面。

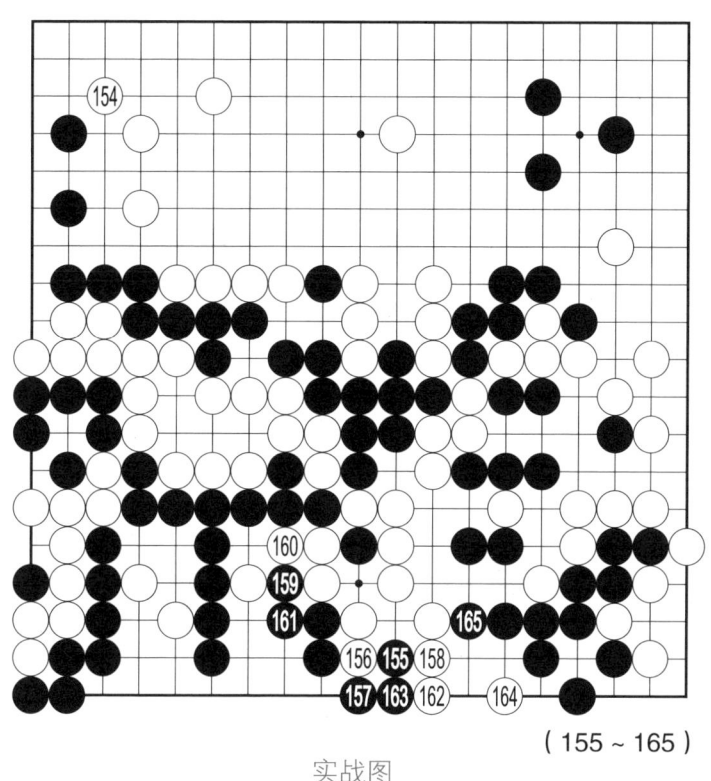

（155~165）
**实战图**

　　当黑155对下方白棋大龙发起攻势时，我选择了白164跳，这手棋成为无法挽回的败着！即便现在回想起来，我仍觉得脸上发烫。党毅飞随即黑165双，彻底切断了白大龙的活路。

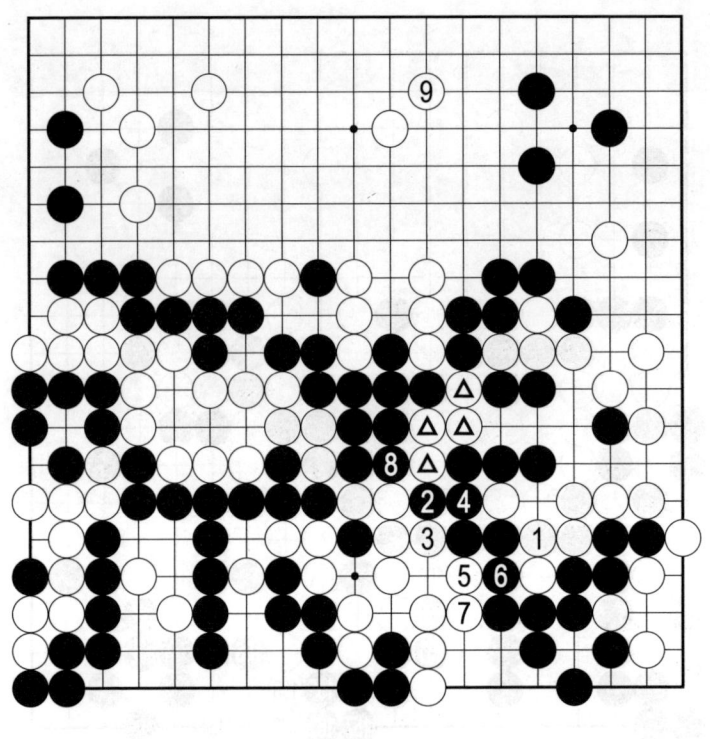

变化图

实战白164若选择变化图中的白1连回，白大龙尚有生机。虽然中央的白△四子会被吃掉，但白棋能够抢到白9，局面仍稍稍利于白方，棋局也将演变为一场漫长的较量。

然而，当党毅飞落下黑165的那一刻，我已别无选择，只能投子认输。在通往世界大赛决赛的关键一战中，大龙被屠无疑是一场噩梦。我无法接受自己竟会犯下如此荒谬的失误，第一次问鼎世界大赛冠军的梦想就此彻底破灭。

这场失败带来的创伤极深，但作为职业棋手，我必须接受一个事实——克服痛苦是胜负师的宿命。

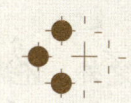

输棋时,我会气得想哭;

为了赢棋,我可以彻夜不眠,磨砺刀锋;

只要能获胜,我甚至愿意拼尽全力,不顾一切地向前冲。

庆幸的是,这种极端的执着,仅限于围棋。

**唯有极致的渴望,才能赢**

作为职业棋手,除了天赋之外,还需有一个更重要的特质——胜负欲。那种不容许自己失败的执念,那种必须取胜的韧性。每当输掉比赛时,我会愤怒得难以自持,而为了不再经历这种痛苦,我会把自己逼到极限,去追寻胜利的可能。

围棋爱好者可以随心所欲地下棋,但职业棋手不行。我曾因过于情绪化下棋付出惨痛代价,也正因如此,我逐渐学会了控制情绪、调整心态,并在胜负欲的驱动下,做出最理性的判断。这才是职业棋手应有的姿态。

近来,流传着一个热门话题——天赋与努力,究竟哪个对学习的影响更大?我因未受过多少文化教育,一时难以作答。

但在围棋领域,天赋无疑至关重要,至少对职业棋手而言如此。若仅将围棋当作消遣,偶尔与友人对弈几局,天赋的影响几乎可以忽略。然而,若想跻身职业围棋巅峰,天赋的作用绝不容小觑。

能在某个领域拥有卓越的天赋,并有机会发现与施展它,本身就是一件幸事。小时候,我解死活题的速度总是远超年长的棋手,他们常为一道题苦思冥想，而我却能轻松破解。当然，后来的成就离不开长期的努力与积累，但在高水平的竞技世界里，天赋的影响始终显著。

我所熟识的每一位顶尖职业棋手无不拥有强烈的胜负欲。即便天赋出众，若缺乏对胜利的渴望，也难登巅峰。这种胜负心，有人表现得激烈外放，有人深藏内心，但无论以何种形式呈现，要在残酷的竞技世界中生存，就必须具备足够的斗志与执念。即便天赋稍逊一筹，若拥有强烈的胜负欲，往往能超越仅凭天赋却缺乏渴望的棋手，取得更好的成绩。

回溯自己走上围棋之路的历程，与围棋结缘始于兴趣，在不断进步中始终乐在其中。正因围棋带给我快乐，我才能全情投入。然而，当围棋成为职业，事情就不再那么简单了——并非每时每刻都能享受其中。兴趣是我前行的动力，但若仅靠兴趣支撑，终究难以走远。在胜负的世界里，决定一切的归根结底是胜负欲。

仔细想想，胜负欲似乎既与"天赋"相关，也与"努力"密不可分。它既是一种天生的特质，也是推动人不断精进的动力源泉。

胜负欲也与目标息息相关。父亲和我之所以能携手走到今天，是因为我们从未对追逐远大目标这件事产生过质疑。途中虽然历经疲惫与艰难，但从未问过自己："为何要坚持？"作为一对胜负欲极强的父子，我们相互扶持，才走到了今天。

父亲始终坚信我会成为围棋第一人，毫不犹豫地引领我前行，而我自幼也从未怀疑过自己能做到。因此，对许多人来说重要的围棋联赛，我却显得平静如常。我不会因为一两次的冠军而自满。如今，父亲与我的目标依然一致——至少要在世界大赛上夺得十个冠军。

性格与胜负欲略有不同。性格是一种与生俱来的气质，小时候，它对我的棋风影响颇深。有时在活动中与业余棋手对弈,我能从棋中清晰感受到他们的性格。即便不交谈,仅凭对局,我便能大致判断对方是急躁好斗,还是谨慎内敛。

我自幼胜负欲极强。五岁时,我未上幼儿园,而是进入围棋教室学习,仅一年便击败其他所有学员。那时,我对胜利的渴望常让我超水平发挥。

在网络对弈平台,我经常与强手对弈,一旦从9段降至8段,我便焦虑得彻夜难眠。要重新升回9段,通常需连胜十四五局。我宁可熬夜,也要赢到安心入睡为止。

偶尔在围棋相关的讨论中,我也会因不服输而情绪激动,但这种情况极为罕见。除了在围棋上,人们通常认为我性格温和、心态平和。或许正因如此,有人将我的外表与李昌镐九段联系起来,但若真正了解我的棋风,便会发现我与他截然不同。

因此,在讨论"天赋"与"努力"孰重孰轻时,是否该加入另一些关键因素——目标感、意志力与胜负欲?毕竟,只有真正渴望抵达目标的人,才能走得更远。

在职业棋手的生活中,围棋无疑占据了最核心的位置。它并不像普通上班那样,只是在一天中抽出一部分时间投入到围棋中。如果只是将围棋当作生活的一部分,是无法支撑起职业棋手这条路的。职业棋手必须将绝大多数时间和精力倾注于围棋,偶尔才会腾出时间去做日常生活中的其他事情。

### 不是生活中有围棋，而是围棋就是生活

在职业棋手的世界里，失败与胜利同样重要。

没有人能永远赢棋。

失败是无法回避的现实，而能否从失败中走出，重返胜利，将决定一个棋手的职业生涯。

对我来说，那段"宁愿死也不愿输棋"的岁月已成过去。如今，十盘棋中我大约能赢八九盘，输棋也很正常。然而，偶尔的失败依然让我难以释怀。表面上，我不再为输棋落泪，但内心深处依旧痛楚难平。现在，我终于明白"即便不流泪，心中却在哭泣"的滋味。平时，我并不特别感到孤独，但一旦输棋，这种孤独感便会骤然袭来。

胜利的喜悦无人分享也无妨，因为胜利本身就足以令人愉悦，无论独处还是身处人群之中，心境皆不受影响。然而，失败却不同，有时独自承受失败的苦涩，确实令人难以承受。

原本几乎不喝酒的我，在一场关键对局失败后，破例与熟人小酌几杯。若独自消化这场失败，恐怕会情绪低落，影响下一场比赛，于是我决定尽早调整状态。和熟识的棋手聊聊，虽无法彻底摆脱失利的痛苦，但多少能缓解一些。

职业棋手之间有种默契：赢棋时，大家会互相祝贺；输棋时，甚至连一句安慰的话都不轻易出口。围棋不同于足球、棒球等团队运动，职业棋手没有队友可以一起分析败局、消化情绪，只能独自回味失败，在沉思与反省中重新站起来。

正如父亲常说的，面对失败的态度与面对胜利的态度同样重要，曾经的我对此毫无认知，心态常因此动摇。失败本就令人避之不及，连思考胜利的时间都不够，居然还要为失败做准备？然而，真正的强者，正是那些懂得如何面对失败的人。

围棋界那些赫赫有名的大前辈，也曾为摆脱失败的痛苦而挣扎。据说曾与曹薰铉九段激烈对抗的徐奉洙九段，因输棋而一口气干掉整瓶烧酒，尽管他本不擅饮酒。虽是遥远往事，但我完全能理解那份心情，甚至感同身受。

若失败不那么痛苦，胜利又怎会如此令人渴望？正是那种如利刃刺穿胸膛般的痛楚，才让包括我在内的无数职业棋手一次次投身棋盘，为胜利而战。

若后辈问我如何缓解失败的痛苦，我很想给出一个潇洒又独特的答案，但思来想去，答案却朴素而直白——学习。短暂的慰藉与休息或许能缓解一时的痛苦，但归根结底，唯一的解决之道是研究棋艺。

对大多数职业棋手而言，围棋就是生活的全部。像普通人那样生活，仅将部分时间投入到围棋中，难以在职业围棋圈立足。更准确地说，职业棋手整日都在思考围棋，偶尔才能抽空过一过普通人的生活。

即便在试图缓解失败的痛苦时，我们仍会选择下棋。

有一次，我在世界大赛中失利，辗转反侧无法入眠，感觉必须做些什么，便打开电脑，在网上找人对弈。我既未看电视剧，也未借酒消愁，而是自然而然地选择了围棋。

我常梦见围棋。梦中，不是在解死活题，就是在下棋，有时甚至梦到自己夺冠。然而，醒来发现一切只是虚幻，便顿感空虚。走在路上，灵光一闪想到妙手，便立刻记下来；吃饭时，忽而破解昨日未解的棋形，便放下勺子，沉浸在棋局的思考中。可以说，我的脑海里无时无刻不在思考围棋，离开围棋，我便无法生活。朋友常拿我开玩笑："申真谞一盯着棋盘，听力就会消失。"每当我研究棋局，即便身后有人大声呼喊，我也常毫无反应，直到有人拍我肩膀，我才会察觉。这种情况多了，也难免让人误会。

但这并不意味着我真能每时每刻百分百专注于围棋。毕竟我是人，不可能也不应该如此活着。生活中总需留一点喘息的空间。

我想说的是，"休息"与"离开"是两回事。

在高速公路上行驶，服务区的短暂停留并不意味着偏离旅程，而是旅程的一部分。

学习围棋时，也会遇到难以突破的瓶颈。

这时，我不会一味死守棋盘，而是暂时做些别的事，或找些有趣的事调节。但无论如何，我始终清楚自己能随时快速顺畅地回到围棋世界。因此，对我来说，学习中的"休息"并不是"离开"，而是"降低专注度"，让思维稍作喘息，而非彻底抽离。

当一个人在追求的事物上达到一定高度时，学会休息也变得至关重要。而因休息而焦虑，会导致无法真正放松，长此以往，精神负担加重，待需全力以赴时，反倒使不上劲。因此，我调整节奏的方式是：即使休息，也让重心适度保持在前行的方向上，从而掌控节奏，不因过载而失速。

完全摆脱杂念与压力是不现实的,若强行驱逐它们,反而会使其纠缠更深,干扰真正该做的事。与其如此,不如学会适当调节,让它们以可控的方式存在,并引导其发挥积极作用,这才是应对的关键。

## 与负面情绪做朋友

每盘棋都有关键的时候,有时需要高度专注,有时则可以稍做喘息。如果局势对我而言较为有利,而对手必须全力以赴,我会暂时放任杂念浮现。毕竟,人的精神如同琴弦,绷得太紧,终会断裂。

若能在需要专注时全力以赴,在该放松时顺势而为,便是理想状态。然而,人非机器,杂念总会悄然渗透,想要彻底摒除,谈何容易。

杂念种类繁多,最常见的一种是:当前棋局尚未结束,思绪却已跳转到下一盘。这种情况往往发生在我误以为局势已明朗、无须深究时。就像嚼过的口香糖失去甜味,人会不由自主想换一颗新的——围棋亦然。

正因如此,围棋是一项极为艰苦的事业。唯有那些能持续品味"失去甜味的口香糖",并从中发掘微妙滋味的人,才有资格品尝胜利的喜悦。

我们在做事时,往往已具备完成它的能力,却因先入为主的观念、心理设限或恐惧,未能充分发挥实力,围棋亦是如此。

根据比赛规则的不同,每盘棋的用时从一小时到四小时以上不等。

尤其在超过三小时的对局中，要自始至终保持高度专注绝非易事。

围棋是一种轮流落子的竞技，时间跨度较长。中途可能需要短暂休息，如去洗手间、透透气或吃点零食。若比赛跨越中午，还会有午餐时间，餐后再继续对局。

即便是职业棋手，也难以在长时间比赛中始终保持专注。经验丰富的棋手若刻意计算，确实能预见五十步甚至百步后的局面，但这需耗费大量时间与精力，且易增加失误风险。因此，除非进入最后收官阶段，为争夺胜负而全力以赴，否则通常不会轻易尝试超深度计算。

围棋的胜负往往由复杂而漫长的过程决定，尤其在高手对决中，极少因一手棋便分出高下。然而，某些棋局确实存在决定性瞬间。我曾因关键时刻走神，犯下致命错误，导致局势逆转，遗憾落败。顶尖棋手不仅棋艺超群，还需具备如猛兽捕猎般的敏锐直觉，精准判断出击时机，方能制胜。

2020年"三星杯"决赛，我对阵柯洁九段。那场比赛因未能控制住杂念，我犯下致命失误，导致局势崩盘。这就是广为人知的"鼠标事件"——或许是我围棋生涯中最著名的一次意外。许多人对此有所耳闻，若有人尚不清楚，我在此简要回顾。

那是"三星杯"决赛的首局，对手是柯洁九段，比赛以线上形式进行。开局二十手尚算平稳，但意外突至——我在操作鼠标时，不慎触碰到笔记本触摸板，使棋子落在一个完全错误的位置。虽仅为序盘阶段，这一失误却过于严重，几乎无补救余地，最终导致首局失利。由于这是前所未有的事故，主办方一时难以决断，经过讨论，最终认定为我的个人失误。

因鼠标误操作失掉首局，我带着强烈挽回的渴望进入第二局。或许正是这份执念作祟，当我看到胜机时，思绪不由自主地越过当前棋局，开始设想第三局的布局，杂念如连锁反应般接踵而至。就在此刻，柯洁九段发出了一记出人意料的凌厉反击，瞬间扭转了局势（棋谱内容详见第 112～114 页）。

那一刻，我头脑一片空白。明明读秒时间充裕，只要冷静应对，尚有翻盘的可能。然而，杂念搅乱思绪，令我头脑一片混沌，甚至无法判断下一步该如何落子。

就这样，我在世界大赛决赛的舞台上败给了柯洁九段。那一刻，我才深刻体会到杂念的可怕，以及专注力的重要性。

当你确信胜利在望时，往往正是最危险的时刻。这不仅适用于竞技场，历史上也不乏因大意与自满酿成的悲剧。杂念狡猾异常，它深谙人性：当一个人以为胜券在握、开始松懈时，正是它乘虚而入的最佳时机。目标看似近在咫尺，实则可能暗藏危机。

压力亦如影随形。小时候，即便只是参加国内围棋联赛，我也会紧张到发挥失常，甚至手抖到无法准确落子。职业入段赛的压力延续到我的首场决赛、第一次世界大赛，压力始终挥之不去。

巨大压力往往导致失误。在高尔夫球中，有个术语叫"choke"（窒息），指因压力导致发挥失常。作为棋手，我也曾无数次经历这样的"窒息时刻"，同时，我也能敏锐察觉对手因压力产生的动摇。压力无处不在，关键在于谁能更好地承受并将其转化为动力——这往往直接决定胜负。

随着比赛经验的积累，如今在一些小型赛事中，我已不再过度紧张。然而，完全没有压力的对局并不存在。面对强敌，会因对手实力而倍感压力；对阵弱者，会因"绝不能输"的心理负担而承压；若是在多次夺冠的赛事中，会因"这次必须再赢"的期待而紧张；若在曾于半决赛失利的比赛中，又会因"上次未登顶"的遗憾而心生压力。压力如影随形，无处不在。

但若彻底摆脱压力，是否就能下出更好的棋？我并不这么认为。适度压力是一种鞭策，促使我保持警觉，避免陷入安逸与懈怠。若无压力，便可能缺乏全力以赴的动力。

我常想起李昌镐九段对"小心"的解读。他说，"小心"意味着"掌控内心"。在重大决策前，我们常会犹豫，那是出于恐惧，还是谨慎？李昌镐九段认为，恐惧是对危机的本能反应，而谨慎则是意识到危机后采取的理性态度。真正的力量，不在于消除恐惧，而在于将其转化为谨慎，从而掌控自我。

回顾我的棋风，也经历了类似转变。依性格而言，我的棋风本该是激烈战斗型，但为求胜利，我不得不调整。经过无数失败与试错，我学会将战斗本能深埋心中，待时机成熟时再释放，同时选择胜率更高的稳健风格。正因如此，我才能更进一步。

彻底摆脱杂念与压力是不可能的，若执意驱逐杂念，反而会让它们纠缠更紧，干扰正事。因此，更重要的是学会正视它们，化阻力为动力。归根结底，阻碍我们实现目标的，往往是内心的障碍，若一味将失败归咎于外界，却不直面自身问题，那才是最危险的状态。

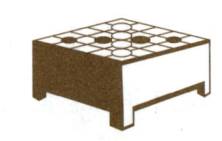

# 因杂念败北的"三星杯"决赛

# 第 25 届"三星杯"世界围棋大师赛
# 三番棋决赛第二局

 柯洁 九段（1 胜）　　 申真谞 九段（1 负）

比赛时间：2020 年 11 月 3 日（线上对局）

比赛用时：每方 2 小时，5 次 1 分钟读秒，贴 6 目半

比赛结果：共 310 手，黑半目胜

## 亮点解析

2020 年第 25 届"三星杯"决赛改为线上进行。首局因鼠标误操作导致意外落子，我遗憾失利，第二局成为必须取胜的关键一局。

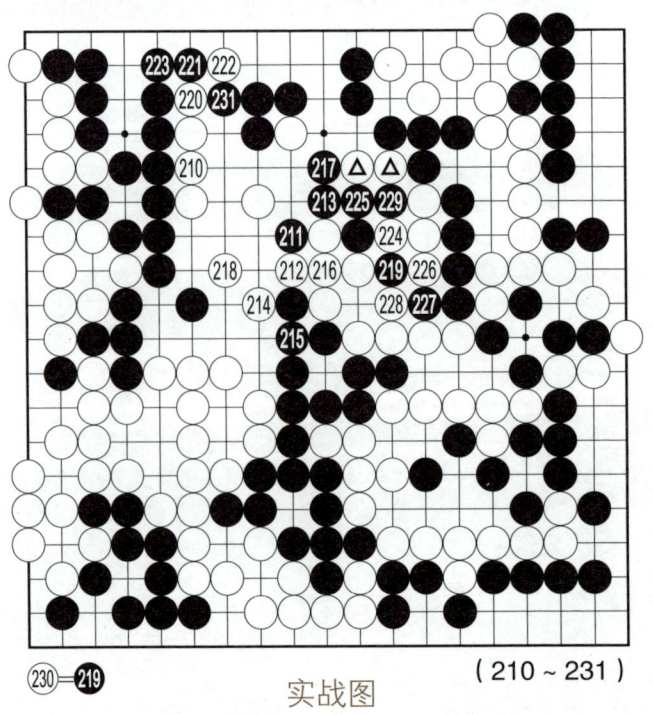

实战图　　（210～231）

进入中盘，我连下数手好棋，确立优势，胜利看似触手可及。就在此时，柯洁九段的网络连接出现异常，导致比赛中断。这一突发状况让我短暂分神。或许正因如此，我下出白210这手看似顺理成章的连接，却成为对手等待已久的破绽。柯洁九段果断以黑211夹击，此手暗藏杀机。若按变化图1中的白1挡，黑2断打，再以黑4挖，直至黑12扳，上方整块白棋被吃。

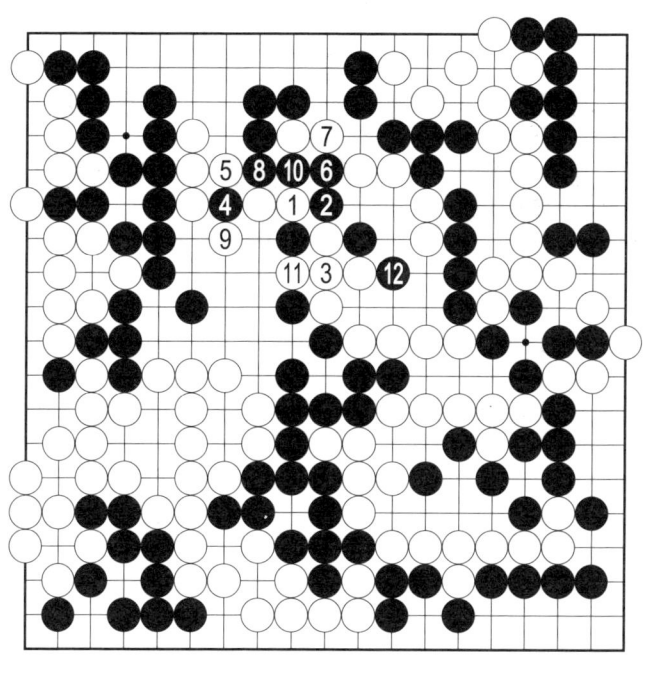

变化图1

柯洁九段是一位极具杀伤力的胜负师。他究竟何时察觉这一破绽的？即便局势不利，他仍耐心等待翻盘的时机。而我稍有松懈，他便如手握利刃，精准刺入。黑211这手棋让我瞬间心慌，额头冷汗直冒，我深知必须冷静，却怎么也无法平静。

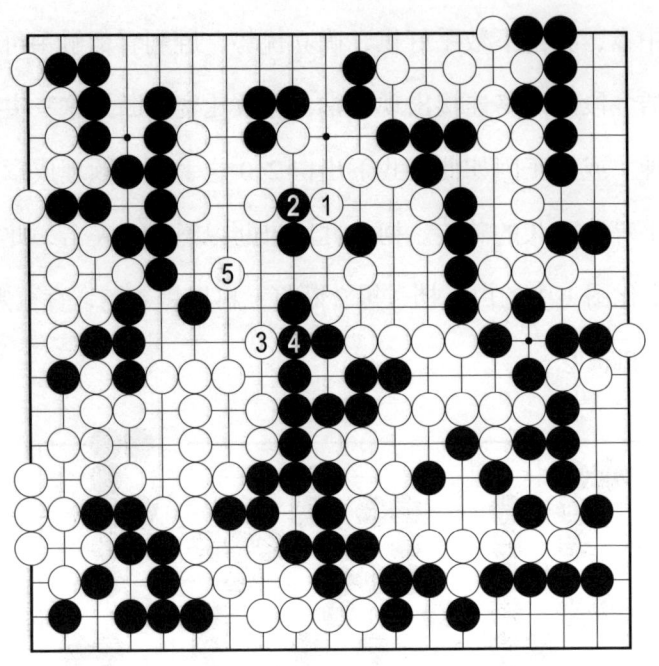

变化图 2

其实，白棋若按变化图 2 应对，我仍能减少损失。这并非复杂的变化，但当胜券在握的棋局突遭重创，我的心态彻底失衡。最终，实战黑 229 断掉白△两子，黑 231 再吃一子，局势骤然接近。

半目胜负，局势五五开。原本遥遥领先的局面变得如此胶着，心理冲击让我难以继续专注，甚至感到力不从心。反观柯洁九段，逆转后稳扎稳打，凭借精准的收官技巧彻底粉碎了我的翻盘希望。那一刻，我再次感受到他的真正实力。

最终，经过 310 手激战，我以半目之差落败。这场失利令我痛彻心扉。为何未能保持专注？为何犯下如此低级的错误？后悔的情绪如潮水般涌来。那一刻，我才真正领悟到杂念是多么可怕。

然而，回头来看，这场失利与随之而来的顿悟，让我变得更成熟、更强大。

　　有人认为棋手主要依靠脑力,体力无关紧要。然而,对棋手而言,体力至关重要。

## 职业之弈，身力为先

听说有棋迷很喜欢我在比赛中吃香蕉的画面。其实，我在对局时吃东西并非因为饥饿，而是一种求生本能。有时精神极度疲惫，难以集中注意力，只能随意吃点食物勉强支撑。许多棋手亦如此，常在比赛间隙吃香蕉、巧克力等高能量食物以补充能量。我曾一度爱喝茶，但不知为何，每次喝茶似乎总会输棋，久而久之，竟陷入"喝茶就输"的心理魔咒。

棋手的体能至关重要。我尤为敬佩那些年过三十仍保持巅峰状态的前辈，他们能突破年龄限制，屹立于世界之巅，离不开对身体的锤炼。众所周知，赵治勋九段曾是出了名的烟鬼，但在被李昌镐九段超越后，他毅然戒烟，开始爬山锻炼，最终迎来职业生涯的又一高峰。

让我真正重视体能的是 2023 年的一件大事——围棋正式列入亚运会比赛项目，我也入选了国家队。围棋曾作为正式项目在 2010 年广州亚运会亮相，后被取消，时隔十三年再度回归。本届全运会的围棋项目设有男子个人赛、男子团体赛和女子团体赛三个组别。

夺得金牌对任何人都意义非凡。作为职业棋手，代表国家出征有金牌的赛事是难得的经历。想到这或许是唯一的机会，我从备战到比赛，投入了前所未有的努力。

赛前 8 个月，我与国家队总教练睦镇硕及队友们前往选手村，进行为期四晚五天的集训。脱下西装，换上运动服的那一刻，我仿佛焕然一新，精神也随之振奋。

选手村里多是来自各类竞技项目的运动员，围棋队看似与别的传统体育项目队伍格格不入，因此我们在村中穿梭时，或许在他们眼中是一道新奇的风景。这里有一种独特的习惯——即便素未谋面，运动员相遇也会相互问候，这让我倍感亲切。

选手村的日程安排紧凑，除了围棋研究，我们还要接受体能训练、心理课程等知识讲座，并聆听奥运奖牌得主的经验分享。村落依山傍水，空气清新、环境宁静，是专注训练的绝佳之地。我全身心投入训练，被那些为奖牌挥洒汗水的运动员深深感染。

唯一让我痛苦的是固定的起床时间。我自小作息随性，输棋后常熬到凌晨五点才能入睡，赢棋后也需到凌晨一点才能平静。随着年龄的增长，我的作息稍有规律，但清晨起床后立即研究棋局对我仍是一大挑战。

选手村的餐食名不虚传，远超一般人对"食堂饭菜"的想象。菜品种类丰富，品质上乘，仅配菜就令人满足。但不知是否因体质原因，我虽吃得用心，体重却始终未增，略感遗憾。

最终，我在亚运会围棋男子团体赛中夺得金牌，但在个人赛中仅获铜牌，心中五味杂陈。由于赛程安排，我在铜牌已定的情况下参加团体赛，因此即便最终登上最高领奖台，内心仍有一丝遗憾。

不过，这块团体金牌仍让我倍感自豪与欣喜。在围棋这项以个人为主的运动中，团体赛事本就稀少，而这次我们以国家队身份并肩作战、共同登顶，令人振奋。站在领奖台上，看着韩国国旗冉冉升起，我不仅为自己代表国家出战而骄傲，更为并肩奋斗的队友心生敬意与感激。

即便有如此热血的团体赛经历，个人赛的遗憾仍挥之不去。半决赛中，我输给了许皓鋐九段，这成为整个亚运征程的转折点。那场比赛的四强分别是许皓鋐九段、一力辽九段、柯洁九段和我。我曾设想，若晋级决赛，对手会是柯洁九段——他状态正佳，且是我最想击败的对手。然而，半决赛尚未开局，我的思绪却已飘到与柯洁的对决上。这种浮躁的心态，最终导致我在半决赛中犯下致命错误。

在与许皓鋐九段的对局中，我在中盘因心急落子过快，到了收官阶段，本该全神贯注，却接连失误，终以半目之差惜败。

这枚铜牌是我自负与骄傲的代价。并非铜牌不珍贵，而是未能以正确心态面对比赛，这才是真正令人痛心之处。虽从中获得了成长与教训，但这段经历我并不愿多回想。从那之后，无论面对何种比赛，我都不再遥想远方，而是专注于眼前的对手与棋局。

"不得贪胜"是围棋十诀之一，意为若过于贪求胜利，反而难以取胜。自信无妨，但不可自满。那天的我，沉溺于"国际大赛夺冠"的幻想中，违背了"不得贪胜"的古训。我对汉字虽不精通，围棋十诀也未全记，但唯独这句始终铭记在心。"不得贪胜"也是我敬仰的李昌镐九段自传的书名。

对我而言，这届亚运会不仅是一场跌宕起伏的竞技盛宴，更让我首次深刻认识到"身体管理"的重要性。尽管我还年轻，但此前从未觉得下棋会在体能上带来明显负担。尤其自 2020 年以来，大多数比赛转为线上赛，免去了长途奔波，体力消耗也随之减少。

然而，亚运会的赛程异常紧凑，每天需完成两轮对局，十天内下完十九至二十盘棋，对任何棋手而言都是巨大的挑战。即便是以严苛的身体管理著称的朴廷桓九段，在比赛中期也难掩疲态。

亚运会结束后，我首次真切体会到"身体被掏空"的感觉。从选手村集训开始，我始终处于高度紧张状态，以前所未有的强度迎战每盘棋，身心俱疲。过去我习惯晚睡晚起、作息随意，但集训期间的集体生活迫使我适应全新节奏，生物钟也被彻底打乱。

此后，一些经历让我更加关注自身的身体健康，用脑过度与情绪的剧烈起伏，对身体造成了影响。2021年"春兰杯"世界职业围棋锦标赛（简称"春兰杯"）决赛前，我首次患上胃食管反流病。那时，我与朴廷桓九段约好进行赛前实战演练，他特意抽出时间陪练，但我因喉咙剧痛前往医院就诊，不得不推迟计划。医生表示，这种病并无特殊诱因，仅是长期疲劳与压力积累的结果。

在世界大赛中，"LG杯""应氏杯""春兰杯"等赛事因对局时间长，往往将棋手的体力逼至极限。一盘棋可能耗费七八小时，赛后对局者几近虚脱。

围棋棋手常年久坐于棋盘前，若再加上长途奔波，疲劳积累往往比常人更甚。我尤其不适应乘飞机，频繁往返中韩参赛，旅途劳顿有时与对局本身的疲惫不相上下。尽管如此，我无法放弃重要赛事，更无法避免搭乘飞机。

李昌镐九段巅峰时期，每年奔波于韩、中、日三国，年对局量高达八九十盘。以他即便参加小型赛事也全力以赴的风格，其体力负荷可想而知。若他当年能更合理地安排参赛节奏，或许我们今天仍能在世界大赛上看到他的身影。

对以脑力为生的围棋棋手而言，谈"体力"似乎有些突兀，但事实上，体能对职业棋手至关重要。从科学角度看，大脑的能量消耗约占人体总能量的20%，而在高强度创造性思维活动时，这一比例还会显著上升。长时间高度集中，不仅消耗体力，也对身体造成不容忽视的负担。

虽然围棋不像其他体育项目有外伤风险，但因长期脑力劳动导致体重下降、消化不良或头痛等症状的棋手并不少见。因此，棋手们也有各自的身体管理方式，私下交流时，棋手们会分享运动与身体调理的经验。

幸运的是，我在睡眠这一体力恢复的关键环节表现尚佳，每天至少保证八小时睡眠。早年面对重要比赛，我也曾辗转难眠，但如今随着经验的积累，大多能安然入睡。我不饮酒、不抽烟，即便如此，仍时常感到体力下降，开始认真思考如何以更科学的方式照顾身体。

电视剧《未生》改编自同名漫画，讲述一位围棋棋手转行成为职场新人的故事，剧中的一句台词让我印象深刻，提及的"体力"绝非偶然。

"若你有想实现的目标，先去锻炼身体。后半局频频崩盘、失误后恢复缓慢，这些皆因体力不支所致。体力不足便急于求稳，耐性随之下降。若无法承受疲惫，胜负对你而言便无意义。想赢，就得先打造一副能支撑你的身体。"

# 叁

## 是围棋，塑造了今日的我

比起沉迷于某一种训练方式，更重要的是学会取舍和平衡，构建起多维度、系统化的学习体系。

## 釜山少年走上职业棋坛路

即便成为职业棋手多年,"要努力"的信念也从未消退。回想童年,为何会有如此心志,我自己也说不清。若硬要解释,或许是与生俱来的胜负欲。我或许不擅长做其他的事,但绝不愿在围棋上认输。这种对失败的抗拒,几乎成为本能。我深知,要想不输,唯有一次次钻研棋艺、打磨技法、精进实力,才能走上不败之路。

我 2000 年出生于釜山,父亲经营围棋教室。童年时期,我在父亲的指导下通过网络学习围棋。我从小便觉得围棋有趣,最初的乐趣来自"吃子"。记得小时候,即便赢了棋,若对手吃了我太多子,我仍会哭鼻子。

在围棋圈中,了解我的人都认为我的成长经历颇为特殊。通常,孩子从培训班起步,一旦显露天赋,便会被送往知名道场接受系统训练。而我虽年幼便展现超群棋力,却未进入道场,仅靠父亲教导与自学逐步成长。这样的例子极为罕见。

釜山是韩国第二大城市,虽然围棋培训班众多,但对于那些立志成为顶尖棋手的孩子来说,真正优质的学习资源相对稀缺。釜山尚且如此,其他地区的围棋天才几乎只能赴首尔深造。小时候,我的棋力初露锋芒，很多人建议我的父母尽早送我去首尔，接受更系统、更专业的围棋训练。

直到2012年小学阶段接近尾声，我才真正踏上首尔求学之路。在此之前，父亲始终坚持亲自培养我，相信自己有能力为我提供更精准的指导。

一旦进入首尔的围棋道场，就需住进寄宿宿舍。对父母而言，让年幼的孩子离乡独居，绝非轻易可接受的决定。但更重要的是，父亲志向坚定，不仅希望我进入职业棋坛，更希望以比道场更严格的方式，亲手将我培养成围棋顶尖人物。

学棋之初，我的小学生活几乎千篇一律。每天比同学更早放学，直奔父亲的围棋教室，沉浸于对弈，直到深夜才回家。即便回到家，我仍继续研究棋局，直至入睡。我的童年几乎没有英语、数学等补习班的记忆，也少有像其他孩子那样在户外嬉戏的时光。

从小，围棋对我而言便是"理所当然"的存在。我从未思考过，也无暇思考父亲为我规划的这条路之外是否还有其他可能。只有在疲惫或对围棋感到倦怠时，我才会偶尔冒出疑问。

其他孩子都在道场接受系统训练，而我只能独自学棋。正因如此，我必须比他们更努力、更刻苦，才能赶上他们。

童年时发生的一件小事，我已记不清具体细节，只是从别人那里听说过。当时，一位棋手问我："真谞，学围棋是不是很辛苦？"我毫不犹豫地点头说："是。"但随即又补了一句："不过，我还是会继续下去。"

或许我的围棋天赋不错，再加上始终专注于围棋，从未间断训练，棋力自然突飞猛进。到了2009年，我在少年围棋圈中几乎没有对手。但我也深知，前路依旧漫长——面对来自全国，特别是来自首尔的那些接受系统训练的高手，我的实力还远远不够。

那时，我参加面向13岁以下儿童的围棋比赛，与当时实力最强的李东勋交手，那一局因自己下得轻率而败北的经历，至今让我记忆犹新。

李东勋九段比我年长两岁。当时我偏好直接、单调的进攻型棋风，而他却像李昌镐九段般沉稳，年纪轻轻便已展现出成熟的风格。在那个阶段，一两岁的年龄差距已相当明显，李东勋无疑是同龄人中的佼佼者。那盘棋我一度占据优势，但最终还是因年轻气盛、缺乏全局把控而被逆转。那场失利带来的懊悔，至今仍历历在目。

2010年，我重整旗鼓，接连在韩国多个赛事中夺冠，完成全国大赛全满贯。在我取得这样的成绩后，父母开始认真思考：是继续在釜山经营自己的事业，还是支持我，陪我走上一条更长远、更专业的围棋之路？

最终，父母决定让我赴首尔专心学棋。但最初，他们并未打算立即随我搬迁，甚至一开始并未考虑全家一起移居首尔。然而，随着我棋力的不断提升，"必须赴首尔深造"已成为无法回避的选择。可釜山的生计尚未安排妥当，首尔又人生地不熟，搬迁并非易事。即便下定决心，也需时间处理釜山的事务，而我正处在棋艺突飞猛进、急需实战积累的关键时期，留在釜山意味着停滞，时间一刻也不能耽误。

于是，从小学四年级末起，我开始频繁往返釜山与首尔，陆续训练约一年。在首尔，我主要在忠岩道场学习，也曾前往张秀英道场及业余围棋爱好者会与职业棋手、业余强豪交手并接受指导。能在多地学习，实属难得，这在很大程度上得益于我当时已在围棋界小有名气，被不少人视为"围棋天才"。

忠岩道场的老师与师兄们是釜山难以遇到的顶尖高手，对我而言，这是一段非常宝贵的学习经历。或许是因为他们认可我的执着与天赋，所以对我格外宽容。即使我偶尔在道场中做出一些原本可能会被责备的行为，他们也大多选择了理解和包容。

当然，我并不是一个完全循规蹈矩的学生。我最常犯的错误往往与围棋中的基本礼仪有关。比如，对局结束后整理棋子、收拾座位这些最基本的礼节。那时的我，如果因为输棋情绪低落，常常会一气之下把棋盘丢在一旁不管，这种行为就像棒球选手甩下球棒离场，或乒乓球选手摔拍走人一样，显得既不成熟又不尊重对手。年少的我，常因难以接受输棋而情绪失控，做出这些幼稚的举动。即便想以"胜负心太强"来解释，也不过是个拙劣的借口。

我当时有多不懂规矩呢？在道场学习期间，连一位一向温和、几乎从不发火的老师都曾严厉训斥我，只因为我在对局中态度散漫。可以说，那时的我几乎是道场里最容易惹老师生气的学生。因为过于执着于胜负，又缺乏情绪管理的能力，这个问题甚至延续到了我成为职业棋手之后。现在回头看，或许当时有人更加严厉地管教我，反而是一件好事。

我在忠岩道场集中训练了大约半年，成为职业棋手之后，偶尔也会回去训练。指导我最多的老师是韩钟振老师和李映九老师。

韩钟振老师至今记得我小时候的模样，常笑称我是"输棋后躲厕所久不出来的孩子"。他主要教我如何建立正确的围棋心态。虽然我当时年幼，常把他的教诲当耳旁风，但听多了，有些话终究还是深深刻进心里。他常对我说："若你能更冷静、沉稳，你的棋会更好。"

李映九老师是公认的围棋高手，像我这样年纪尚小的孩子，几乎没有机会与他对局。但他对我格外关照，经常给予特别指导。我们常聊棋，他总笑着鼓励我说："你比我厉害"。至今每次再见他，我总忍不住开玩笑地问："老师，您那时是不是故意输给我的？"

从最初在家自学到在首尔接受系统训练，我的棋力不断提升。然而，2011年6月韩国棋院的入段赛，我却遭遇淘汰。预选赛我顺利晋级（三人取一），但在第二阶段的十二人小组赛中，我仅取得3胜2负，未能入段。

那天回到家，往常我能轻松吃下一整只烤鸡，但那天只吃了半只。我觉得自己的表现不好，没资格吃完它。

当时，我满心遗憾与不甘。但如今看来，那次未入段或许是好事。若在心态不成熟时成为职业棋手，日后可能需花费更多时间调整心态，甚至走上弯路。

那年秋天，我仍是釜山的围棋研究生。9月，我放弃围棋研究生资格，赴首尔参加韩国棋院围棋研究生选拔赛，并在比赛中获并列第一名。

2012年2月，父母处理完釜山的事务，全家搬至首尔，我转学至设有围棋部的忠岩小学。四个月后，我通过"新英才入段赛"成为职业棋手，开启职业生涯。

我能年少入段，很大程度上得益于入段制度的改革。在旧制度下，我需再等12年才有资格参赛。而"新英才入段赛"为14岁以下的天才少年提供了破格晋升的机会，我是首批受益者之一。当时中国围棋崛起，韩国围棋界急需接班李昌镐、李世石的新生代棋手，于是提前选拔新秀成为重要策略。事实证明，较早入段对我的成长确实起到了积极作用。

我的入段战绩是12战全胜。成绩看似耀眼，实则过程惊险。许多对局险象环生，有几盘棋甚至是忍着眼泪坚持下完的。幸运的是，关键时刻运气站在了我这边。

尽管凭借天赋和大量网络对局的实战经验，我已经能够偶尔战胜年长的对手并顺利入段，但那时的我，依然是个过于执着于胜负的孩子，既不够成熟，也还未真正理解围棋的深层意义。

成为职业棋手后，我决定退学，结束了刚刚开始不久的中学生活。这个决定并不困难，因为我和父母都非常清楚，围棋是我唯一的方向，除此之外别无选择。

在围棋对局中,哪怕是微小的差距也足以左右胜负。即使前九手下得再完美,只要有一步出现失误便可能功亏一篑。这就是围棋的残酷之处。

### 互联网重塑我的围棋之路

与其他竞技项目类似,围棋的胜负常取决于毫厘之间。即便前九手布局再精妙,一步失误,也可能让整盘棋陷入无法挽回的败势。轻率的棋风如同在悬崖边起舞,哪怕舞姿再华丽,一旦失足,便是深渊。

回顾我的围棋成长过程,网络围棋的作用不容忽视。无论是搬到首尔前,还是搬家后很长一段时间,我的围棋世界始终围绕着两大核心:一个是父亲,另一个便是互联网。

我常想,若生在无网络围棋的年代,我会变成什么样?对当时的我而言,网络围棋不仅是释放胜负欲的快节奏战场,那套实时排名机制更给我带来了不断向高位冲击的刺激和快感。在某种程度上,这种体验与同龄人沉迷于电子游戏并无本质不同。

那时候,我将围棋视作一款电脑游戏,乐趣全在于"赢"。或许我天生胜负心强,而网络围棋的即时反馈机制进一步加深了我对胜负结果的执着。

网络对弈的过程与玩电子游戏几乎无异:设定与自己实力匹配的段位,登录服务器,匹配棋力相当的对手,发起对局申请。赢棋升段,输棋降段,日复一日,我乐此不疲。

为了不断追求那源源不断的多巴胺快感，我必须赢下更多对局。而要赢得更多，就得下得更快。那时的网络对弈可自行设定每步棋的思考时间——10秒、20秒、30秒，甚至60秒。我通常选择20秒或30秒的快棋，有时还会挑战10秒的极限快棋。事实上，在许多前辈棋手眼里，20秒、30秒的节奏已近乎接近"非围棋"的范畴。如此快节奏下，已无暇细致判断局势，只能凭本能应对。而10秒快棋，则几乎全靠直觉落子。但为了赢，为了延续那种酣畅淋漓的快感，我一盘接一盘地下，数百盘、数千盘地下，几乎把所有时间都消耗在这上面。

回想那段时间，思考时间的长短对我来说似乎毫无意义。无论是10秒还是30秒，我总嫌等待太久。对手每下一步，轮到我时便不假思索，立刻落子。在网络对局中，我的节奏快得让对手难以适应。即便在以快著称的网络世界里，我这样毫不停顿一手接一手的对弈方式，实属罕见。

如今看来，我当时下的棋，介于"围棋"与"非围棋"之间，游走在某种模糊不清的边界线上。

围棋作为一项有时间限制的竞技项目，快速落子固然能节省时间，也确实能给对手施加压力，从而取得节奏上的主动。一盘棋中，十手中有八九手，思考再久也未必有更好结果——既然如此，直接落子便是理性选择。

然而问题在于，总有那么几手棋是无法靠直觉解决的。可当时的我尚不具备整体判断局势的能力，也不懂得等待与放慢节奏，更遑论形成自己的棋风。有人或许会说："年纪小，情有可原。"但现实是，许多同龄人已展现出沉稳、克制的风格。六七岁时，大家可能都热衷快棋；可到了十几岁，大多数人已在系统训练中学会了控制节奏。而我，似乎仍停留在原地，未见成长。

即使成为职业棋手后，我仍不太注重布局或揣摩对手意图。我常凭本能快速落子，依靠节奏压制对手，一路进攻，只为取胜。

在网络围棋的世界里，我曾取得惊人成绩。我曾与芈昱廷、范廷钰、陈耀烨、党毅飞等中国顶尖棋手激烈交锋，甚至战胜过那些在正式比赛中我难以企及的世界级高手，这多少得益于我极致的快棋风格，让他们一时难以适应，被我抢占先机。

我在网络围棋中沉浸多年，甚至直到二十岁仍将其视为自己的主场。然而，过度依赖快棋风格，终究也会触及极限，它曾带给我优势，也让我看清自身诸多弱点。

我从网络围棋中获得的最大收获是海量的实战经验。若无互联网，这种积累几乎无从谈起。那段时间，我的日常作息几乎围绕网络对弈展开，投入的时间远超其他活动。

我的棋风极具攻击性，充满战斗气息。从某种角度来看，这种风格既鲜明又极具杀伤力。一般来说，棋手在占据优势后会选择稳妥推进，逐步收官；而我即使胜券在握，仍会继续进攻。就像一位拳击手，不设防、不停挥拳，最后一刻都不肯收手。

然而，极端的攻击方式也带来了巨大的不稳定性。我能在让两子的情况下击败强敌，也可能在与实力相当的对手交锋中爆冷取胜。但同样，我也常莫名其妙地输给比我弱两子的对手。落子过快的习惯，即便在我成为职业棋手多年后，也未能完全改正。这成为我在关键时刻的致命弱点，一次次被自己的棋风反噬。

棋风源于性格，而性格的影响根深蒂固。即使到了今天，每当局势复杂、需要谨慎思考时，我仍常常不自觉地迅速落子，难以克制。

更糟的是，这种棋风曾为我带来不小的成功。年少时，我凭借这种压迫式的风格击败过强手，尝到了胜利的甜头。而那些胜利反而像一剂"甜蜜的毒药"，让我深陷"就算这样下也能赢"的幻觉中，难以挣脱。

听前辈讲述没有互联网时代的艰苦训练经历后，我愈发意识到，自己是技术进步的直接受益者。随着时代的发展，越来越多的棋手借助新技术提升棋力，这已成为智力竞技的发展趋势之一。科技若能被合理运用，无疑是提升水平的绝佳工具。但它带来的副作用同样不容忽视。比起沉迷于某一种训练方式，更重要的是学会取舍和平衡，构建起多维度、系统化的学习体系。

申真谞的童年生活计划表

1.早上9点起床 2.看2个棋谱 3.早午餐 4.11左右洗漱 5.网络围棋 6.看棋谱 7.做死活题 8.看棋谱 9.络围棋 10.做死活 11.下午3点吃点零食 12.网络围棋（如果输的话一直下到赢为止） 13.打谱～打谱～休息 14.网络围棋 15.大概晚上6点（晚餐）休息后7点打谱 16.网络围棋 17偶尔出去 18.打谱 19.休息 20.网络围棋（输的话继续下）21.最后再下一盘网棋，输的话1点睡觉,赢的话12点睡。

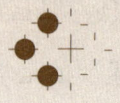

父亲常对我说:"在艰难的时刻感到痛苦是理所当然的,胜负师的道路本就是如此。"这是他特有的安慰与鼓励的方式。

**父子棋途，步步艰难**

最近，我开始对各个领域的顶尖人物产生浓厚兴趣，尤其关注他们是如何崭露头角、如何面对迷茫与挣扎的。阅读他们的成长经历，不仅让我感到新鲜有趣，也让我意识到过去的我忽略了许多重要的东西。以前，即便读到类似的故事，我也很少产生共鸣；而现在，随着年龄的增长、阅历的积累，我看待世界的视角似乎渐渐开阔了。

在众多顶尖人物中，我尤其关注那些年纪轻轻就站上巅峰的体育选手，例如羽毛球国家队的安洗莹。她对职业的自豪感、对羽毛球的热爱、超越年龄的成熟，以及排除干扰、专注训练的意志力，深深打动了我，也让我产生了强烈的共鸣。

小时候，父亲常给我讲高尔夫名将朴世莉的故事。他总说，为了锻炼胆量，朴世莉曾在公墓中练球——这几乎成了他的口头禅。父亲或许是想让我明白，顶尖选手的成长之路注定是艰难而残酷的。后来，朴世莉在节目中澄清她并未在公墓练球，但这个故事早已深深地刻在了我心里。

让我印象深刻的还有足球明星孙兴慜与其父亲、教练孙雄政之间的故事。我甚至觉得，他们父子的故事与我和我父亲的经历有几分相似。

两位父亲都是最早发现儿子天赋的人，也都以近乎执着的方式，全身心地培养和塑造了今天的他们。

我猜，孙兴慜或许也曾和我一样，能感受到父亲那种"只要改掉这个缺点，就能更进一步"的焦虑与执念。我明白父亲是真心爱我，甚至为我牺牲了一切。但理智上的理解与亲身承受那份严格是两回事。或许，我仍需要更多的时间，才能真正理解父亲那份深沉的爱。

父子之间的关系，很难说得上是"纯粹的亲密"。我和父亲都是典型的釜山男人，寡言少语，到现在也很难推心置腹地长谈。有人说，只有在你失去某种联系之后，才会真正意识到家人的重要性。确实，当我短暂寄宿在首尔的其他家庭时，那种突如其来的孤独感，才让我稍稍意识到父亲的存在意味着什么。但更多时候，他都是在背后默默支持我，而我对他的情感，可能始终显得稚嫩。

父亲是我人生中最重要的围棋导师与教练。虽然我在棋艺上早早超越了他，但关于如何作为职业棋手去生活、去思考、去面对世界，都是他教会我的。即使今天我已经跻身世界顶尖棋手之列，依然时常需要他的指点。

从小到大，父亲几乎满足了我所有的愿望，唯独在围棋这件事上，他从未妥协。

每当母亲看到我因训练疲惫不堪时，总会温柔地劝我稍作休息。但父亲始终坚定地说："在艰难的情况下感到痛苦是理所当然的，胜负师的道路就是如此。"这句话，成了他严厉而深沉的爱的代表。

曾有一段时间，我心里也会反问："真的有必要做到这种程度吗？"但如今，站在职业棋坛的最前列，我终于可以回答："是的，必须如此。"

如果我拥有李昌镐九段那样的天赋与性格，也许父亲不会如此严格。但他太了解我，知道我桀骜不驯，于是倾尽心血，一点点地雕琢、塑造，才成就了今天的我。

而这一切之所以成为可能，是因为父亲始终目光高远，并坚定地带着我向那个目标前行。这种事情，只有他能做到。如果他像对待普通围棋天才那样，将我送去道场，我或许也能成为不错的棋手，但未必有机会站上最高峰。道场的老师再尽责，也不可能像父亲那样，用父亲的身份、那种无保留的方式，逼我、推我、改造我。正因为我们是父子，这种近乎极限的磨炼方式才得以实现。年幼的我，常常被父亲设下的目标压得喘不过气，甚至产生逃离的念头。他就像一个"出题狂人"，总要我解答远超年龄水平的死活题，而且必须给出答案。即使解不出，他也希望看到我拼尽全力、挣扎到底的样子。只要我稍有懈怠，他便厉声斥责。有时我赌气拼命解题，有时也会偷偷翻看答案——尽管我知道，这样的"作弊"根本瞒不过他。

父亲的严格，连奶奶都看不下去。有一次她来看我们，目睹父亲对我的管教方式之后，当场愤怒地说："以后我再也不踏进这个家门了！"

关于父亲的教育方式，其实可以讲的故事太多太多。

青春期时，我曾陷入一段围棋难以集中、意志消沉的低谷。有一天凌晨两点，父亲突然把我赶出家门，命令我去围棋教室学习。我不敢违抗，只得摸黑走向父亲经营的教室。警卫大叔看到我，满脸困惑地问："你这么晚来做什么？"但还是为我打开了门。

我走进黑漆漆的教室，打开灯，一个人坐在棋盘前。棋子落下的清脆声在空荡的教室里回响，空气中弥漫着一种说不出的静默与孤独。我一边下棋，一边趴在桌上睡着了，直到天亮才回家。

在那些日子里，我和父亲用最激烈的方式碰撞、较量。而围棋，就是我们之间最锋利的战场。

尽管训练极为严格，父亲始终坚持一个原则："想要下好围棋，必须先睡个好觉。"他从不强迫我在疲惫时继续解题，也不会为了赶进度在深夜将我唤醒。对他来说，只要我醒着，就必须百分之百地专注于围棋。

我和父亲在性格上有些相似——平时温和内敛，不善言辞，但一旦坐在棋盘前，便像变了一个人，化身为斗志昂扬的"战斗狂人"。这样的性格到底算不算"易怒"？我也说不准。

我们之间最激烈的矛盾，几乎都源于"对围棋的态度"。父亲一直试图纠正我"超快棋"的毛病，对我在网络对弈中几乎不经思考就落子的习惯感到极为头疼。即使他一次次严厉斥责，我依然难以改变。其实我知道，过快落子容易犯错，冷静思考才是赢棋的关键。但要让我长时间集中精力进行计算，那种精神负担对当时的我来说近乎难以承受。我只想尽快走出心中的那一手，仅此而已。

父亲劝我："如果实在难以深入思考，至少先等几秒再落子。"他只是希望我能稍微放慢节奏。我试图照做，强迫自己在下每一步前都短暂停顿。但这并没有太大效果，因为那几秒里，我并没有认真判断形势，只是发呆、走神，甚至偶尔偷偷浏览网络信息。面对这样的我，父亲的焦虑和无力感似乎始终无法消散。

从小学开始，我便频繁往返于釜山与首尔参加各类比赛。每次都是父亲亲自驾车送我前往，长途跋涉十几个小时，从未抱怨过辛苦。像我这样年纪尚小，却要频繁奔波于南北的围棋少年，恐怕并不多见。

儿童围棋比赛的用时通常是每方20分钟，加上30秒的读秒。相比职业比赛动辄四五个小时的对局，这种节奏显得非常紧凑。因此，合理分配基本用时、配合读秒节奏是最基本的比赛策略。然而，我常常连基本时间都用不完，总是快速落子。对旁人来说，我的对局方式简直令人费解。

在我八九岁之前，父亲对我的输棋从不过分苛责。但到了十岁，随着棋力显著提升，我已经具备击败比自己年长两三岁的选手的实力。可由于落子过快，我常常在明显占优的局面下犯错，被经验更丰富的对手逆转。许多失误，只要稍加思考，完全可以避免。

每当我因这种原因输棋，父亲都会怒不可遏，严厉批评我的态度。但习惯一旦养成，又岂是轻易能改？他反复告诫我："不要过分执着于胜负。"但当时的我根本无法理解这句话的真正含义。在我看来，围棋本就是一项为了分出胜负而存在的竞技，怎么可能不在意输赢？

父亲希望我成为那种无论局势如何都能保持冷静、自信的棋手，即使输棋，也希望我能走出属于自己的风格，清晰理解每一步的意义，而不是靠侥幸或惯性取胜。

这才是一个真正理解围棋之人应当走的"正道"。但那时的我，并未领悟围棋的深层意义，仅凭借天赋和直觉莽撞落子。或许在旁人眼中，我是一个富有天分的少年新星，但实际上，我只是一位基础尚不稳固的棋手，随时可能从高处跌落。

如今，我的棋风仍保留着从前那种锐利、果敢与进攻性，但随着时间推移，那些必须修正的缺点已被逐步剔除。现在的我，终于拥有了一位职业棋手应有的稳定性与格局。

即便我已站上世界棋坛的巅峰，父亲仍未完全认可我。他偶尔会夸奖几句，但话语间仍隐约透露出"你还可以做得更好"的期待。不过，最近他也开始拍拍我的肩膀，笑着说："申真谞，现在你总算像个样子了。"

围绕围棋，我和父亲之间这场漫长的较量，不知何时才会落幕。但可以确定的是，它还远未结束。

除了父亲之外，还有一位恩师在我围棋生涯的早期发挥了重要作用。

2007 年，当我已习惯通过网络对弈时，权炳燮老师帮助我适应线下实战。他的教导至今让我心怀感激。彼时在釜山，若不依赖网络，我几乎找不到能与我抗衡的对手。事实上，从小到大，除了父亲，在釜山几乎无人能与我正面对抗。

在那样的环境下，权炳燮老师是少数能在棋力上压倒我的人。他一次次认真与我对弈，每次复盘都细致入微地指出我的每一个不足。他对围棋的敬意与严谨的态度，深深地影响了我。

如果没有他的指导，我或许会错过那些只有在线下对局中才能体会到的棋感与比赛节奏。后来我进入釜山的研究生系统，师从多位老师，但权炳燮老师的教诲，至今仍是最让我铭记于心的。我想借此机会向他表达我最诚挚的谢意。

也是从那时起,我真正体会到一个朴素而有力的道理:只要努力,就能成功。

## 一切始于真正地努力

"只要努力，就能成功。"这句话人人都听过。但若努力只是流于形式，那无非是自我安慰。真正的努力，是在无人注视时依旧挥汗如雨，是在想放弃时仍咬牙坚持。

有时，拼尽全力砸出一拳，却发现墙壁纹丝不动，反而是自己的拳头被弹了回来——这就是撞上壁垒的感觉。第一次面对朴廷桓九段，我的心情正是如此。那一刻，我甚至怀疑自己这辈子是否真的能超越他。

我和朴廷桓九段的首次交手是在2013年。那时，我刚刚成为职业棋手，还只是个初出茅庐的新秀，而他早已是世界顶尖棋手，被视为李世石九段的接班人，肩负着韩国围棋的未来。

那场对局，我抱着"学习"的心态登场。自知实力差距悬殊，便干脆放下包袱，想体验一次真正意义上的对弈。但真正与他在棋盘上交手后，我才发现，他的实力远远超出我的想象。

直到今天，朴廷桓九段依然是许多职业棋手心中的"无懈对手"。无论是布局、判断、计算，他几乎都无可挑剔。尤其在当年，我那偏激而激进的棋风，在他面前根本毫无施展空间。他擅长的，正是精准压制我这样风格的棋手。

此后的几年里，我们几乎每年都会在各类比赛中交手一两次。除少数几场外，我几乎全部败北。第一次战胜他是在2016年，虽然后来偶有胜绩，但在重要赛事，尤其是决赛中，我始终未能真正击败他。直到2020年之前，我们的对战记录一直是我处于劣势。

2018年、2019年，只要遇到朴廷桓九段，我心里就像被宣判"死刑"一般。归根结底，还是因为实力差距。随着自身棋力的提升，我开始不再以"挑战者"的姿态看待这位前辈，而是渴望"战胜他"。然而，正是这种心理变化，让我在实战中反而更加紧张，失误也随之增多。

朴廷桓九段是一位极擅长等待的棋手。他能敏锐捕捉对手的细微漏洞，并持续稳健地扩大优势。在与他对局时，我只要稍有莽撞，就会被他冷静地惩罚。他始终理性、冷静，而我在落于下风时常常心浮气躁，难以调整。这种差异，在我们的对局中体现得尤为明显。

人的心理是极其微妙的。哪怕两人实力接近，只要交手次数足够多，终会迎来几次胜利的机会。但在那段时间里，每当面对朴廷桓，我总会下意识地紧张，导致在关键时刻屡屡失误。而他，即使输棋，也总能第一时间冷静复盘，深入研究，确保下一次不再重蹈覆辙。

最终，我在他面前遭遇了十连败。媒体评价说："虽然申真谞在韩国围棋排名第一，但距离真正的强者，还有很长一段路要走。"这话并不刺耳，因为它是事实。面对现实，我唯一能做的，就是不断学习、不断进步。

真正的转折点出现在2020年的"LG杯"决赛上。那一战我终于战胜了他，也许胜利中包含着一些运气成分，但胜就是胜，尤其是在世界大赛的舞台上，这场胜利不仅终结了我的十连败，更是我内心长久以来的一道心理壁垒的崩塌（棋谱内容详见第150~155页）。

那一刻，我再次印证了那个最朴素的道理：只要努力，就能成功。当然，前提仍然是：必须真正地、不折不扣地努力。

这并不意味着此后对阵朴廷桓就轻松了，他依然是我在国内最难缠的对手之一。他的稳健、严谨与理性，至今仍让我感受到巨大的压力。但至少，现在的我已不再把他视作不可逾越的高墙，而是一个我可以堂堂正正对抗的对手。

2020年南海超级对抗赛，我对朴廷桓取得了七连胜。这项赛事是韩国棋界为了扭转韩国在世界围棋大赛的低迷局面而特别策划的。当时，韩国围棋正面临中国强势"反超"的舆论压力，而这场比赛，是韩国力图重振士气的一次关键较量。

比赛结果超出了所有人的预期。回到首尔后，"申真谞超越朴廷桓"的声音迅速在围棋界传开。然而紧接着，在韩国围棋联赛以及2022年"三星杯"中，朴廷桓用一场酣畅淋漓的胜利再次提醒我：真正的顶尖棋手，永远不会轻易倒下。

后来，我对朴廷桓九段的胜率逐渐占优，甚至一度形成压倒性优势。我曾隐隐担心，是否会在无形中让他对我产生了疏远或不快？但事实证明，是我多虑了。朴廷桓九段从未表现出丝毫不悦。若换作我，也许很难如此坦然。他即便让出"韩国第一人"的宝座，依然全力以赴，毫无懈怠。他是真正意义上专注于棋盘、无关荣誉得失的职业棋手。

赛场之外，我们更像兄弟。他既是我的前辈，也是在世界棋坛上并肩作战的伙伴。我们常在比赛中偶遇，会寒暄、互相鼓励。他性格内敛、严格自律，却从不干涉他人；而在关键时刻，他总能给予最真诚的支持，是一位令人敬重的温暖前辈。

　　我还记得,有一次我在比赛中惨败,心情跌入谷底。他那时也刚经历失利,心情并不轻松。但他还是主动走来对我说:"你还年轻,机会多着呢。"这句简单却真挚的话,一直留在我心中。正是这些点滴的温暖,支撑我走到了今天。我也希望,今后我能像他一样,把这份力量传递给更多的人。

跨越高墙

## 第24届"LG杯"世界围棋棋王战决赛三番棋第一局

**■ 黑** 朴廷桓 九段　　　**□ 白** 申真谞 九段

比赛时间：2020年2月10日
比赛用时：每方3小时，5次40秒读秒，贴6目半
比赛结果：共236手，白中盘胜

### 亮点解析

　　第4届"LG杯"决赛三番棋，我与朴廷桓九段再次于世界大赛决赛的舞台上对决。这是继四年前"春兰杯"之后，我们再次在赛事的决赛中交锋，整个围棋界对此高度关注。而对我而言，这不仅是一场决赛，更是我追逐职业生涯首个世界冠军的关键一战。

　　这是我首次在世界大赛决赛中对阵朴廷桓九段，尽管当时我已是韩国排名第一的棋手，但我们之间的交手记录中，我以4胜15负大幅落后，其中还包括一段沉重的十连败，那段败绩带来的阴影，始终压在我心头，挥之不去。面对他那稳健如山的棋风，我知道，这将是我必须跨越的一道高墙。

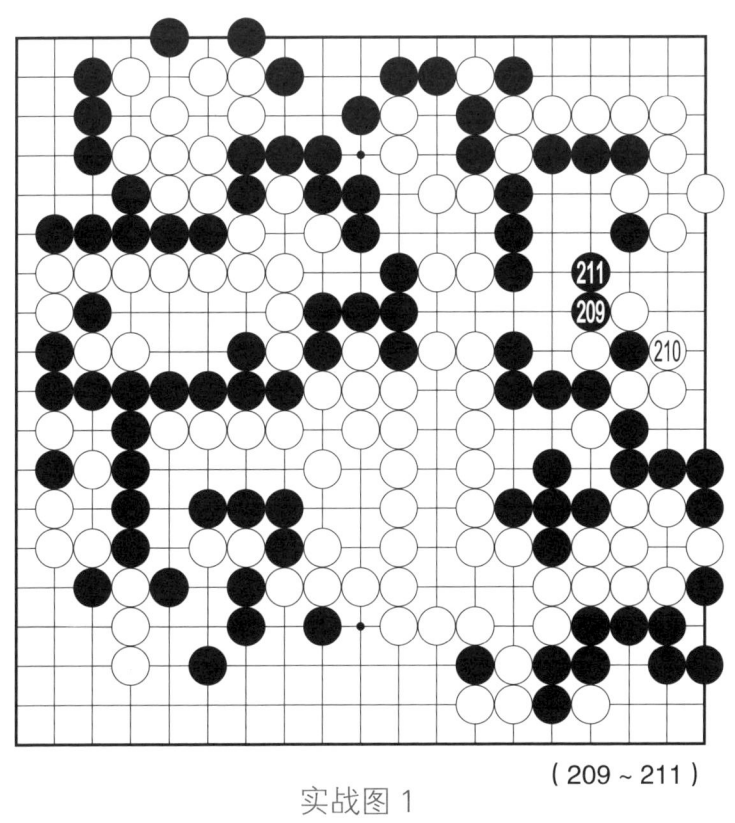

（209～211）
实战图 1

首局比赛中，我一度占据优势，但在中央战斗中出现严重误算，局势急转直下，胜利几乎落入朴廷桓之手。面对困境，我别无选择，只能放手一搏，强攻右边的黑大龙。只要他成功做活，这盘棋便大势已去，毫无悬念。然而，就在关键时刻，他下出了看似自然，实则是致命失误的黑211。此时，黑211应如变化图1中黑1退。

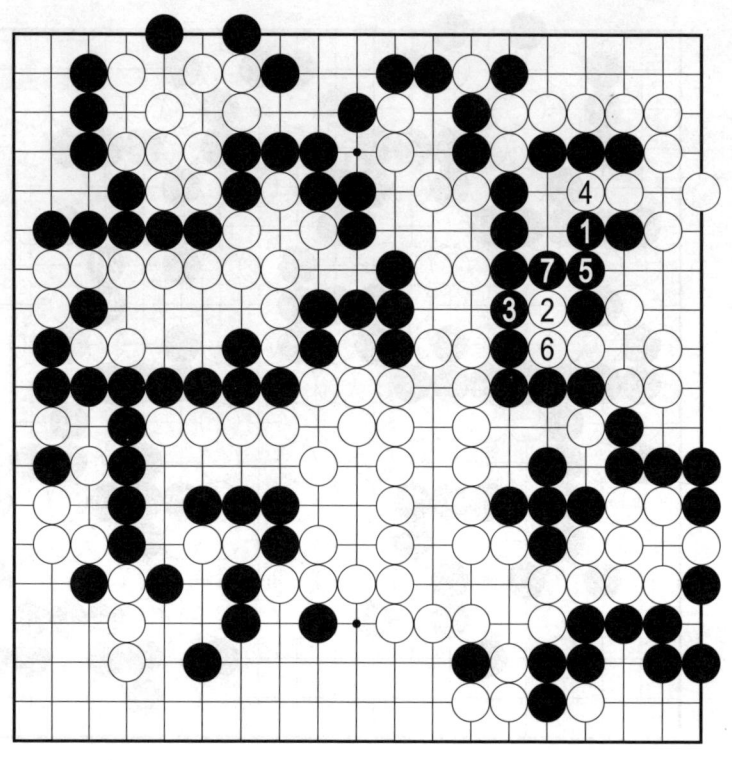

变化图 1

实战黑 211 应如变化图 1 中黑 1 退，若白 4 冲，黑棋只需在 5 位粘，以下至黑 7，就能稳妥地将黑大龙做活。

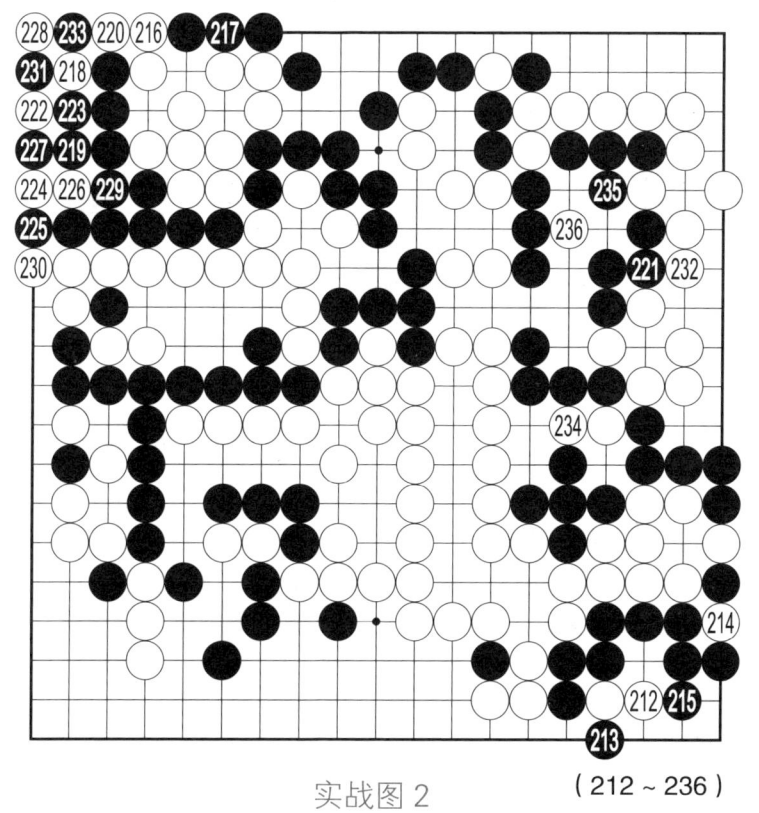

实战图 2　　　　　　　　　　（212～236）

　　察觉到机会后，我果断出击。白 212 和白 214 断掉了黑棋连接的希望，接着通过白 216、白 218 制造劫材，步步逼近黑棋大龙的生死线。若黑 215 改下 221 位，黑棋大龙仍有活路，但他并未如此选择。或许是胜利在望，朴廷桓九段在不知不觉中放松了警惕，一步步落入我设下的陷阱。

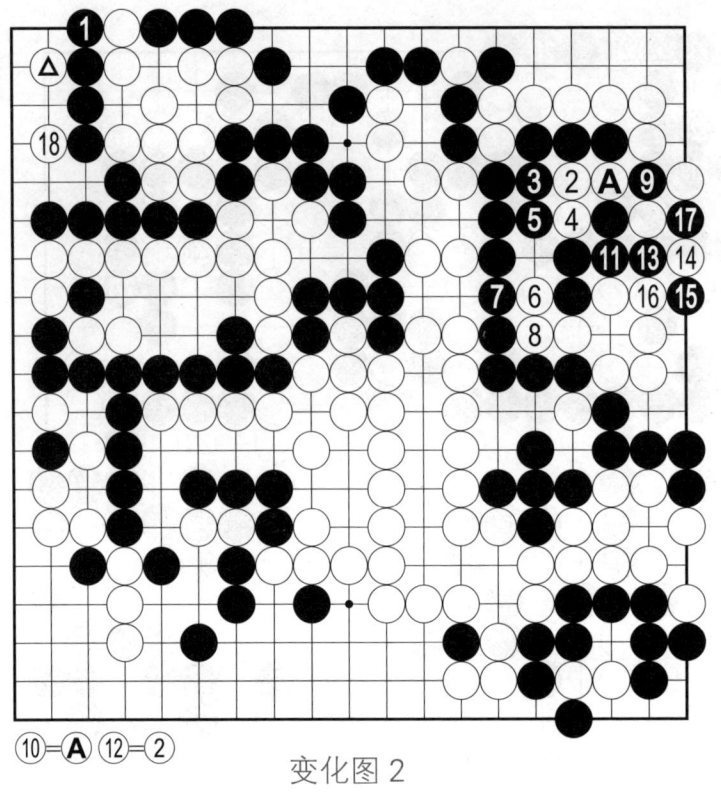

变化图 2

⑩=Ⓐ ⑫=②

白218夹后，黑若选择变化图2的黑1挡，看似稳妥，但白2、白4的连续妙手可制造出精妙劫争，此前白棋在Ⓐ位的夹，正是为此劫争做的准备。随着白14、白16形成劫争，再白18靠，黑棋已无法从容应对。白棋凭借白18这枚劫材，使黑棋陷入困境。左上角的劫材数量不断累积，宛如一座劫材工厂。

朴廷桓九段察觉到黑大龙的劫争危机，试图以实战的黑219消除白棋的劫材，但当白222落下时，黑223的挤竟成致命误算。白224点为绝妙的一手，使角部形成劫争，而右侧大龙的劫争压力已令黑棋难以承受。最终，黑棋无法在233位消除劫材，白236后，黑大龙全灭。

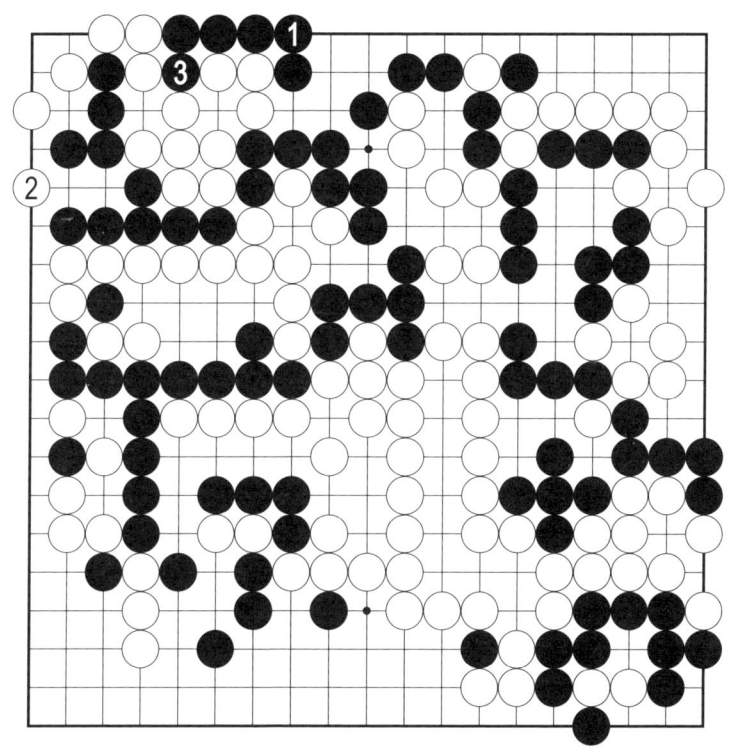

变化图 3

若实战黑 223 改为变化图 3 的 1 位先连接，白棋即便点入 2 位，黑棋也能通过 3 位补回，快速进入收官，确保胜势。朴廷桓九段出现这样的误算极为罕见，对我而言，无疑是天赐良机。

棋盘上的波涛汹涌最终化作一片寂静。随着黑大龙被屠，朴廷桓九段投子认负。沉默片刻后，他率先开口复盘，而我却迟迟不敢直视他的脸。我比谁都清楚，在这样一场对局中落败，会有多么沮丧与失落。在这残酷的胜负世界里，一方的胜利，总是伴随着另一方的挫败。

这场胜利，不仅终结了我对朴廷桓九段的连败纪录，也让我在两天后的第二局再添一胜，最终如愿夺得梦寐以求的个人首个世界冠军。比赛结束的那一刻，我能清晰地听见自己急促而有力的心跳声，仿佛从胸腔深处一下一下撞击而来，久久未能平息。

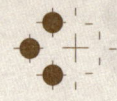

如果说对手的棋风与自己相似,那么只要付出更多努力,便有可能取胜。正因如此,我始终对与柯洁九段的对局抱有信心。

### 是他成就了我,我也成就了他

在众多中国顶尖棋手中,至今无人能在公众知名度上超越柯洁九段。据我所知,他在中国影响力巨大,几乎每一个动作都能成为新闻话题。即使在韩国,许多人也许对其他中国棋手并不熟悉,但"柯洁"这个名字,几乎无人不知。

我与柯洁的首次交手在 2013 年。不同于前辈棋手,我们这一代棋手早已习惯在网络上相遇。那时他比我年长三岁,而在少年时期,这种年龄差距常常意味着实质性的实力差异。他当时确实比我强,这并不意外。

那时的柯洁,还未拥有如今的声望。在我们的交手中,他以 7 胜 3 负领先于我,但考虑到年龄差距,我并未因此印象深刻,也未特别关注他。

直到 2014 年,我们才首次在线下正式对局。短短一年时间,他已成长为世界大赛的有力竞争者。赛后,他笑着走向中国同胞棋手,谈笑风生,轻松自如。他看起来毫无压力,反而流露出一种出人意料的自信与活力,这给我留下了深刻印象。

2014 年,我们各胜一局。真正的较量始于 2017 年。在中国围甲联赛的首次碰撞中，我获胜。但随后的两年里，我们六次交手，我全部落败。他当时正值巅峰，而我仍在苦苦磨合自身棋风，努力突破瓶颈。

说实话，即便那段时间我常输给柯洁，我也并未因此过于执着。相比之下，战胜朴廷桓才是我心中的首要目标。只要能赢朴廷桓，我就有信心能赢柯洁。

朴廷桓的棋风对我构成压制，使我难以施展；而柯洁的棋风与我相似。他直觉敏锐，擅于抢占节奏，擅长在序盘就掌控主动。而我同样以速度和节奏见长。棋风的相近，意味着只要努力，便有可能取胜。

自从2020年"LG杯"上击败朴廷桓九段后，我与柯洁九段的战绩也开始改写。那年12月，我终于迎来真正意义上的"反攻"——此前13战，仅胜3局；而自2021年冬天开始，我便再未败于他手。

当然，我并不认为自己能永远战胜他。总有一天，我也会再次尝到失败的滋味。但可以肯定的是，那个曾让我头疼不已、难以应对的柯洁九段，已成过去。

如果说"LG杯"决赛是我跨越朴廷桓九段的重要转折，那么真正克服柯洁九段心理障碍的节点，则是在2021年第22届"农心杯"。在此之前，我常想，只要能赢他一局，我就能跨过这道坎。幸运的是，这一胜利恰好出现在"农心杯"这一重量级赛事中。从那一刻起，我终于能以全新的心态去面对他（棋谱内容详见第162~167页）。

除了棋盘上的较量，我与柯洁九段之间也曾因为几次公开言论引发一些讨论。2017年，我在一次采访中表示："柯洁九段并非无法战胜的对手。"这句话只是我当时的真实想法，却在舆论中引起了一些关注。或许也正因为彼此都是备受瞩目的棋手，我们之间的一言一行总容易被放大解读。

坦率来说，这些经历的确让我们之间的关系变得微妙。但从另一个角度看，也正是这些不同立场与碰撞，促使我们不断挑战彼此、推动自我成长。我无心的一句话或许激发了他的斗志，而他的回应也反过来促使我更加努力地钻研棋艺。某种意义上，我们是在对方的映照中走向更高的舞台。

最近，我听说外界普遍认为柯洁九段"状态下滑"，但他在中国国内依旧顽强地坚持着，展现出惊人的韧性。我始终敬佩那些即使身处低谷也不轻言放弃的棋手。在这条漫长的胜负之路上，我希望我们能继续同行。在此，我也想由衷地送上我的祝福。

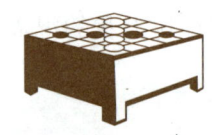

# "农心杯"
## 与柯洁的对局

# 第22届"农心杯"世界围棋团体锦标赛
## 本赛第13局

 申真谞 九段      柯洁 九段

比赛时间：2021年2月25日（线上对局）
比赛用时：每方1小时，1次60秒读秒，贴6目半
比赛结果：185手，黑中盘胜

### 亮点解析

这是我与柯洁九段在"农心杯"上的对局。此前我们交手14次，我以4胜10负处于明显下风，柯洁无疑是我遇到过的最棘手的对手。多年来的遗憾与不甘在这一战中集中爆发，我终于等来了一个清算"旧账"的机会。那时我正值四连胜，越战越勇，信心日益高涨。而在背后，还有朴廷桓九段为我压阵，使我毫无后顾之忧。我暗自告诉自己："只要赢下这局，一切都将不同。"

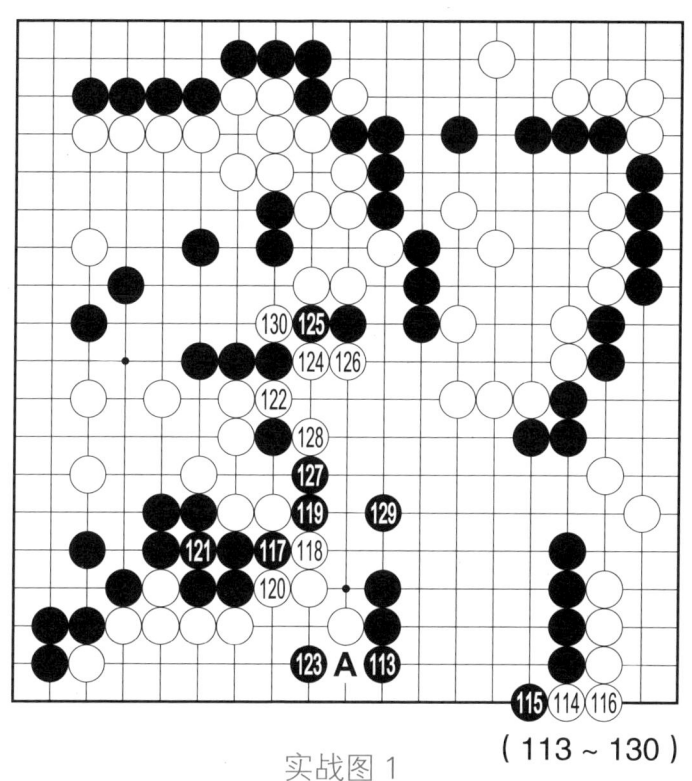

实战图 1　　（113～130）

黑棋始终占优,但棋局在一瞬间掀起了猛烈的风暴。当我下出实战图 1 中黑 113 试图先手交换时,本该应对的白棋却忽略了 A 位,转而在右下角连下白 114、白 116。这一选择令人费解,可谓严重失策。由于是线上对局,我无法看到对手的表情,但我猜测,他可能对当前局势感到悲观,试图以激进手段搅乱局面。我毫不犹豫以黑 117、黑 119 强硬冲断,至黑 123 时,白棋下方大龙陷入生死危机,生还希望渺茫。

然而,柯洁九段的白 124、白 126 却是一组充满杀气的胜负手。我意识到局势已进入关键阶段,于是果断落下黑 129,将下方白棋彻底封住。白棋果然随即以白 130 断开。

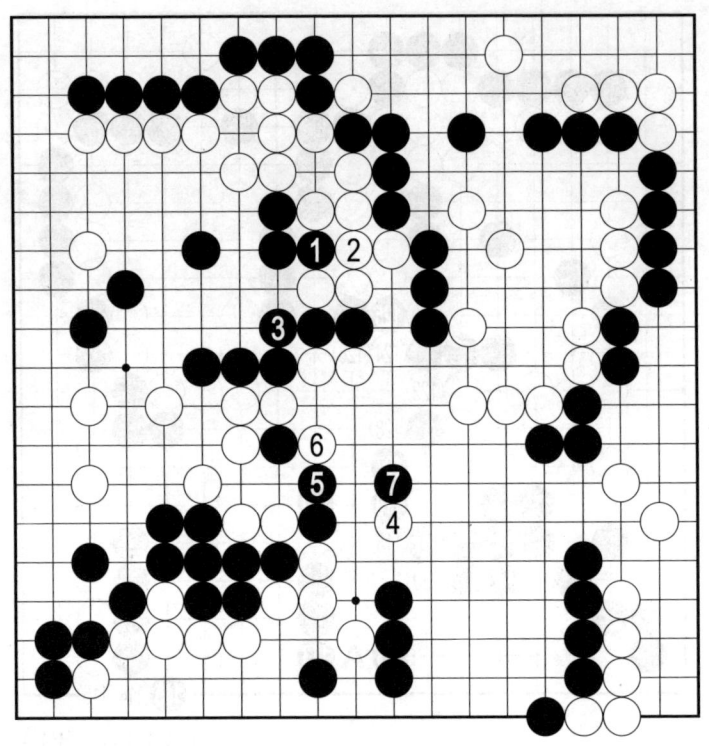

变化图 1

实战白 126 后，我曾考虑如变化图 1 中黑 1、黑 3 的下法。这样一来，白 4 再如何挣扎，黑棋都能以黑 5、黑 7 稳稳掌控局势。然而，当时我已进入读秒，时间所剩无几。左边黑棋大龙看似危险，但我内心坚信，它绝不会轻易被杀——只要活下来，我就能赢。这一信念反而让我更加冷静。我最终凭直觉落下黑 129，将全部胜负赌在这条大龙的生死存亡上。

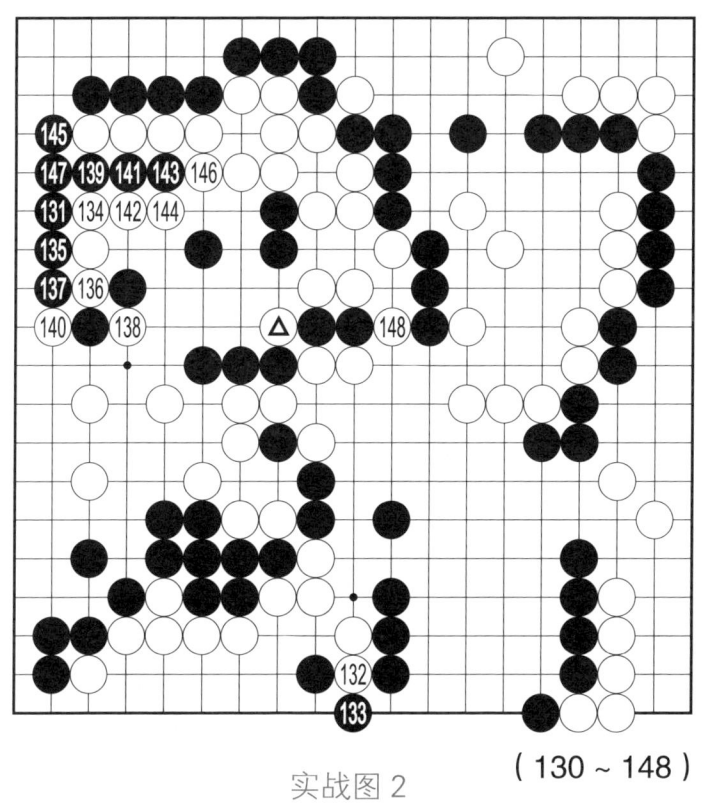

实战图 2　　　　　　　（130～148）

实战图 2 中白⚪这一手直接使左边黑大龙的死活成为胜负焦点，若无法做活，即便仅剩半条命，黑棋也难逃败局。在这一关键时刻，我果断选择最直接、最明确的手段——黑 131 强行侵入。就在此刻，柯洁九段下出了致命败着，他以白 136、白 138 试图挣扎，但棋形极其不佳。我敏锐地察觉到他的节奏开始紊乱，灵光一闪，想到了黑 139 这一挖的妙手！至黑 147，我成功突围，胜势已定。

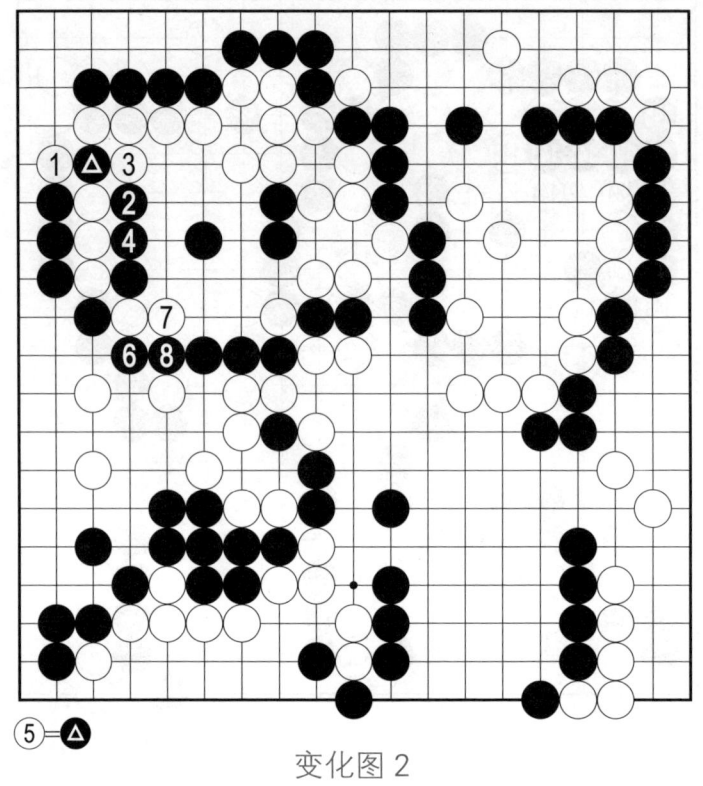

变化图 2

实战黑 139 挖时，若白棋按变化图 2 中以白 1 强行断开黑棋，黑棋可以黑 2 施压，至黑 8，白棋终难逃败局。

实战中黑 143 仍有些许疏漏。这手棋过于松懈，理应按变化图 3 中黑 1、黑 3 封锁白棋，再以黑 5 连接二子。当时，我担心白 8 断开后黑棋整体会受攻击，但实战证明，这种担忧并无必要。若按变化图 3 的走法，黑棋最终能以黑 13 逼白棋进入勉强打劫的局面。然而，实战白棋下出 148 后，局势瞬间变得接近，双方差距缩小至两目。

比赛进入最后的读秒争夺，局势一度惊险万分。但柯洁九段最终错失了半目胜机，黑棋就此锁定胜局。

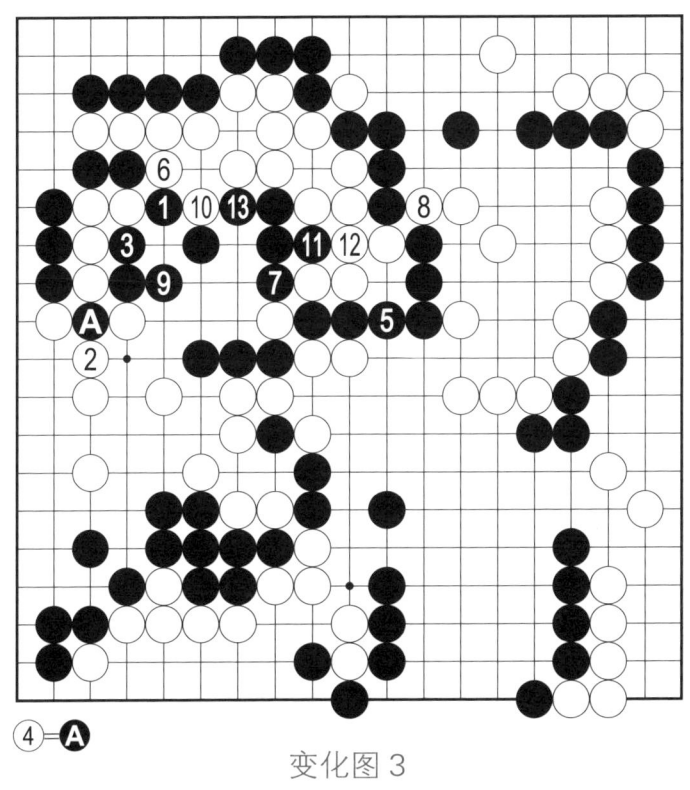

变化图 3

这场胜利不仅让我终于战胜了曾让我屡屡止步的柯洁九段,也彻底了却了多年来压在心头的"旧账"。更重要的是,我以"农心杯"五连胜的战绩,为韩国队锁定了冠军!那一刻,我不禁回想起 16 年前的"上海大战",而如今,我终于接过了李昌镐九段手中的旗帜,成为新一代的"农心杯守护者"。对我而言,这一胜利所承载的意义,甚至超过了任何一个世界冠军头衔的意义。

赛后,媒体与棋迷纷纷称我为"韩国围棋的新守护神"。但我心里清楚,这不是终点,而是新的开始。

若要让韩国围棋真正强大,绝不能仅依靠我一人,而需更多棋手在世界赛场上并肩奋战,不断展现韩国围棋的整体实力。同时,这一过程也离不开广大棋迷的关注与支持。

## 正是他们，让韩国围棋闪耀

韩国体育有一个显著特点：无论哪个项目，总会涌现出一两位"旷世奇才"。尽管人口和资源不算丰富，韩国却凭借个体的卓越与坚韧，依然能在世界舞台上占据一席之地，围棋界也不例外。

与中国相比，韩国的围棋基础确实不算雄厚。然而，曹薰铉、李昌镐、李世石这些传奇棋手的横空出世，让韩国围棋在国际舞台上始终不落下风。

一个国家的围棋未来，不能只依赖个别天才的偶然涌现。天才终归是稀有的，并非长久之计。真正的未来，需要一整代棋手在世界赛场上持续、系统地展现实力，更离不开广大棋迷的支持。

出于这样的思考，我想介绍几位与我并肩奋斗的同行者，他们是韩国围棋不可或缺的中坚力量。围棋爱好者或许早已熟悉他们的名字，但对于一些读者而言，他们可能还较为陌生。我希望通过这些文字，让更多人认识他们，理解他们，并为他们的坚持与才华喝彩。

首先要介绍的是朴廷桓九段。若有人问我最尊敬的棋手是谁，我的答案始终如一——朴廷桓九段。

也许很多人以为我会说李昌镐或李世石。但在我心中，真正令我敬佩的是朴廷桓九段——那位始终与我在赛场上鏖战、以最严谨的态度面对每一盘棋的棋手。他对围棋的投入与热爱持续而深沉，令人动容。

职业棋手的巅峰期比较短暂，甚至比棒球、足球等体育项目还要短。尽管年龄增长后仍能参赛，但真正能保持顶尖状态的时间，往往只有短短几年。

然而，朴廷桓九段已年过三十，依旧维持着惊人的稳定性，对任何对手来说都是难以轻视的存在。我常常想：等我到了他这个年纪，是否还能像他一样，在棋盘上保持如此专注与高水准的表现？当计算力下滑、收官阶段频繁出错、输棋次数增多时，我是否还愿意全情投入，继续奋战？这个问题我始终无法确定。而朴廷桓九段则用他一贯如一的行动，给我树立了榜样。

若你在吃饭或交谈时，看到朴廷桓九段低头看手机，不必怀疑，他多半正在下棋。对他而言，没有什么比围棋更重要。喝茶、乘车，甚至在任何零碎时间，只要脑海中浮现棋局，他都会立刻打开棋盘。或许在他眼中，连天空都刻着纵横交错的棋盘线。

同样值得尊敬的，还有元晟溱九段。他是 2011 年击败古力夺得世界冠军的棋手，比我年长许多。可惜因未能获得兵役特例，他在状态最巅峰的时候被迫中断了棋手生涯。

尽管如此，他从未离开赛场，始终坚持着自己的围棋之路。2023 年，他终结了我在联赛中的 36 连胜，送给我一场深刻的败局。如今的他，常被媒体称为"最年长的棋手"，但也正因如此，他的坚持更加令人动容。某种程度上，他走的路，也许正是我未来应追寻的方向。

若要谈对围棋的热爱，卞相壹九段绝对不容忽视。

某场比赛后，我正准备离开，他忽然问了我一句至今仍令我难忘的话。

"怎样才能下好围棋？"

如今"九段"头衔虽然在象征意义上略有淡化，但在棋界，它仍代表着"入神"之境。当一位九段棋手愿意放下身段向另一位九段请教"如何下好围棋"时，若非内心真正渴望突破，绝不会提出这样的问题。卞相壹九段将提高棋力看得比一切都重要，他的谦逊与追求，远超骄傲与虚荣。

我当时一时语塞，实在难以用简短的语言回应他的提问。围棋的精髓，岂是三言两语可以道尽？而卞相壹九段早已是令人敬畏的强者。然而，正是他这种不懈追求突破的精神，让我深感钦佩。

哪怕将"努力"二字重复十遍、二十遍，也难尽述卞相壹备战时的投入。我研究 AI 棋谱时，通常只研究布局阶段的前 30 至 40 手，因为大多数棋手的研究方法大同小异，深入研究中后盘未必性价比高。

直到有一次，我偶然看到卞相壹九段的研究内容，才真正感受到什么叫"彻底的执着"。他的布局研究竟深入到第 120 手，且每一手都细致推敲、一丝不苟，仿佛要将整个局势彻底吃透。

若有后辈问我应向哪位棋手学习，我一定会说："就照卞相壹九段的方式去努力。"

申旻埈九段是我最亲近的对手之一。我们几乎同时成为职业棋手，一路并肩成长，由于彼此太过熟悉，即便在比赛中我多次击败他，也不会感到太多心理负担，因为他不只是对手，更是战友。

申旻埈九段拥有惊人的瞬间集中力，是典型的"一击必杀"型选手。

即便全局对我有利，只要稍有松懈，他都有可能逆转。2022年，在我状态最好时，他却在"名人战"决赛中击败了我，这便是最好的证明。他在关键时刻爆发出的战斗力，令人惊叹。

申旻埈对待围棋的态度也颇为独特，甚至可以说饶有趣味。表面看似悠闲自在，似乎有很多属于自己的时间，实则暗中付出了远超常人的努力，且总能取得惊人的成果。他就像那种既能玩得尽兴，又能稳坐年级第一的学霸型人物。只要他下定决心要赢，就会变得异常强大。若他能进一步拓展自己的心理格局，他的棋力定将更进一步。

崔精九段或许比我更为人熟知，因此专门提到她时，不免有些赧然。但不管怎样，她的名字绝对值得被铭记。

围棋界多次以"性别对抗"为话题，将我与崔精九段置于聚光灯下，我们之间，也因此结下不解之缘。

如今，崔精真正的挑战是如何在世界大赛中战胜顶尖男子棋手，取得更耀眼的成绩。只要突破番棋赛的短板，她完全有实力在世界棋坛占据一席之地，也将在韩国围棋未来的发展中扮演重要角色。

更难得的是，崔精九段天生自带明星光环，她风趣幽默、个性鲜明，是围棋界少有的公众人物。在年轻棋迷中，她以生动的表达和鲜明个性收获大批拥趸。有一次，她在比赛间隙吃香蕉的画面意外走红，甚至掀起了一股"香蕉吃播"模仿热潮。我后来听说，许多粉丝争相模仿她的吃法，这段趣闻也成了围棋圈津津乐道的话题。

本想借此机会介绍几位冉冉升起的新生代棋手，但实话说，至今还没有哪位年轻人真正脱颖而出、展现出跻身世界顶尖的实力。要登上国际舞台，不仅要在国内棋战中突出重围，更需具备对抗正值巅峰的中国高手的硬实力。在当今这个由 AI 主导的时代，想要锤炼出真正成熟、稳定的棋风，难度比以往更大。进入世界顶尖行列的棋手，必须在两方面都做到极致：既要深刻理解 AI，又要具备强大的实战应变能力，尤其是在读秒阶段的心理素质和判断力。

现在的新一代棋手中，有的在 AI 理论研究上表现出色，却在实战应变中暴露短板；有的反应极快、读秒能力强，但对 AI 的理解流于表面。真正能够持续成长、最终站上巅峰的，一定是那些能在 AI 思维与人类直觉之间找到平衡点，并不断自我突破的棋手。

在这些年轻棋手中，最让我关注的是金恩持九段。她出生于 2007 年，是一位极具潜力的天才少女。尽管在综合棋战中尚有待磨炼，但在女子围棋领域，她已经具备争夺最高荣誉的实力。我与她交手过两次，时间虽不长，但她对围棋的热情、专注以及出色的学习能力，给我留下了深刻印象。

2023 年，金恩持九段打破纪录，成为韩国围棋史上最年轻的九段棋手，真正称得上"围棋神童"。如今，越来越多关注韩国围棋的人对她寄予厚望，我也不例外。

# 肆

## 「下一盘围棋吗？」

我希望有更多人能够了解围棋、喜欢围棋，把围棋视为一种轻松的兴趣爱好。

## 与围棋强国中国共生共荣

当一个人真心热爱一件事时,便能够超越国籍和语言的障碍,与他人产生心灵的共鸣。在我往返于韩国与中国的围棋旅程中,我深刻体会到了这一点。

这是围棋给予我最宝贵的礼物之一。

不久前,中国著名围棋研究者、职业六段棋手李喆撰写了一篇文章,以温暖而不失锋芒的笔触剖析了我的棋艺与风格。他将我视作中国邻国的强者,同时也是一位值得他学习的顶尖棋手。读完这篇文章,我感触良多。

我与李喆六段在对人工智能的看法上高度契合,对围棋的深度探索也怀有同样的热情。他指出我的弱点在于"责任感过强",我并未将其视为批评,反而感受到一种同行者的理解与善意。这份来自围棋世界的共鸣,令我深感欣慰。

成为韩国职业棋手,注定与中国围棋结下不解之缘。

如今的中国,已是全球最大的围棋强国。据统计,中国围棋人口约6000万,远超韩国总人口。其中,持有段位证书的棋手高达1500万。即便以万分之一的比例计算,中国也能孕育超过1500位高水平棋手。

前辈们常说，20 世纪 80 年代，是日本主导围棋世界的时代；90 年代至 2000 年代初，韩国接棒成为全球围棋中心。而如今，围棋核心已移至中国。

2023 年，我在"应氏杯"决赛中对阵中国九段棋手谢科。媒体曾提及我们年少时的渊源——我在韩国忠岩道场学棋时，谢科也曾赴韩，与我在同一道场学棋。我们曾多次交手，留下了难忘的记忆。

或许有人认为，彼时的韩国是围棋强国，中国年轻棋手赴韩是为了追求更优质的训练资源，然而事实恰恰相反。谢科当时在中国并非出类拔萃，因中国国内竞争激烈、训练机会有限，才选择赴韩锤炼。而真正顶尖的中国棋手大多选择留在中国国内继续钻研。坦率地说，谢科当年的棋力并不突出，甚至难以构成对我的威胁。但如今，他已成长为中国围棋不可忽视的顶尖棋手之一。

我搭乘飞往中国的航班已多到数不清。包括我在内的许多韩国顶尖棋手，都活跃于中国最高水平的围棋联赛——甲级联赛。每支参赛队伍可签约一名外籍棋手，因此，韩国职业棋手往往同时参与中韩两国的职业联赛。

对职业棋手而言，中国围棋联赛极具吸引力。中国围棋俱乐部不仅全额承担队员的旅费与食宿，胜局奖金也颇为丰厚，甚至仅赢得两三场甲级联赛的奖金，便可媲美韩国围棋联赛的总冠军奖金。这种差距，皆因中国围棋在社会中享有崇高地位，拥有庞大的受众与深远的影响力。

中国围棋宛如一个庞大的"武林"。若统计全球排名前 100 的棋手，绝大多数来自中国。其中，排名前 30 的棋手，每一位都具备问鼎世界大赛的实力。更令人惊叹的是，这样的顶尖棋手仍在不断地涌现。

中国九段棋手柯洁之所以备受推崇，正是因为他能在高手林立、竞争激烈的中国棋坛长期屹立于巅峰之列。要在中国围棋中保持长达十年的顶尖排名，殊为不易。人们常说，韩国射箭国家队的选拔难度堪比奥运会，而中国围棋的竞争激烈程度，恐怕有过之而无不及。

由于优秀棋手众多，与中国一流棋手的对局总是极具挑战性。他们的棋风多以缠斗为主，风格差异相较韩国棋手更显趋同。从某种角度看，这或许正是中国围棋深厚底蕴的体现。

在中国强手如云的围棋界，若要选出一位让我感到最为棘手的对手，我会毫不犹豫地选择李轩豪九段。我们多次交手，每一盘都让我陷入苦战。每次对局，他总能带来令人猝不及防的难题（棋谱内容详见第182～185页）。从多方面看，他的强大实力显然是深入研究了AI时代的围棋新理念。

在这样的环境中，若韩国棋手不具备独特的竞技能力，便很难在世界大赛中突破中国棋手的壁垒。

自幼因比赛频繁往返于中国，我早已习惯这里的节奏与环境。但即便如此，身处异乡，始终难以完全放松。相较之下，我更羡慕围棋在中国的广泛热度，以及一代又一代源源不绝涌现的新生代棋手。

在中国举办的世界大赛，常常自然而然演变为棋迷见面会。成群结队的棋迷涌入现场，只为一睹棋手风采。令人惊讶的是，中国棋迷的年龄跨度极广，年轻棋迷的比例远超韩国。或许正是这份热情，使中国棋手在与粉丝互动时格外积极。他们活跃于"微博""哔哩哔哩"等平台，常通过亲自讲解棋局、直播互动等方式，与粉丝建立紧密连接。

中国围棋的棋迷文化极为成熟，也极具包容性。几乎没有"只支持本国棋手"的狭隘情绪。包括我在内的韩国棋手，只要展现出足够的实力与风采，同样能获得他们的认可与喜爱。中国棋迷的热情与真诚令我感动。我曾收到中国棋迷以我为原型制作的钥匙扣，还有精心制作的相册，里面收录着我参加历次比赛的照片。这些充满心意的礼物，让我心存感激。

即使我与部分中国顶尖棋手的关系一度紧张，许多中国棋迷依然以尊重的态度对待我。这些经历让我更加确信，中国棋迷真正热爱的是围棋本身，而非棋手的国籍之别。

当然，中国围棋也面临一些问题，但相较之下，我更忧虑的是韩国围棋的现状。若仅因围棋在韩国的热度不及中国，便认定韩国的职业联赛无法与中国的职业围棋联赛并肩，那一切恐怕将无从改变。为了推动韩国围棋的发展，我们必须不断尝试各种可能，期待围棋的热度得以回升，这才是更积极的方向。

我真心希望韩国围棋能健康、稳步发展，与中国围棋展开堂堂正正的竞争，共同引领围棋走向新的高峰。

## 遇见
## 李轩豪九段

## 第 5 届"MLILY 梦百合杯"世界围棋公开赛 本赛 16 强

 申真谞 九段　　 李轩豪 九段

比赛时间：2023 年 8 月 6 日

比赛用时：每方 2 小时，5 次 1 分钟读秒，贴 7 目半

比赛结果：共 236 手，白中盘胜

### 亮点解析

2023 年，在第 5 届"MLILY 梦百合杯"世界围棋公开赛 16 强战中，我再次与李轩豪九段相遇。在此前的世界大赛交手中，我以 2 胜 1 负略占优势，但在 2022 年第十四届"春兰杯"四强战中惨败于他。也正因为如此，这次再度对阵，我早已做好了迎接苦战的心理准备。李轩豪九段以精准犀利的计算能力和出众的棋感著称，是一位极具威胁的对手。

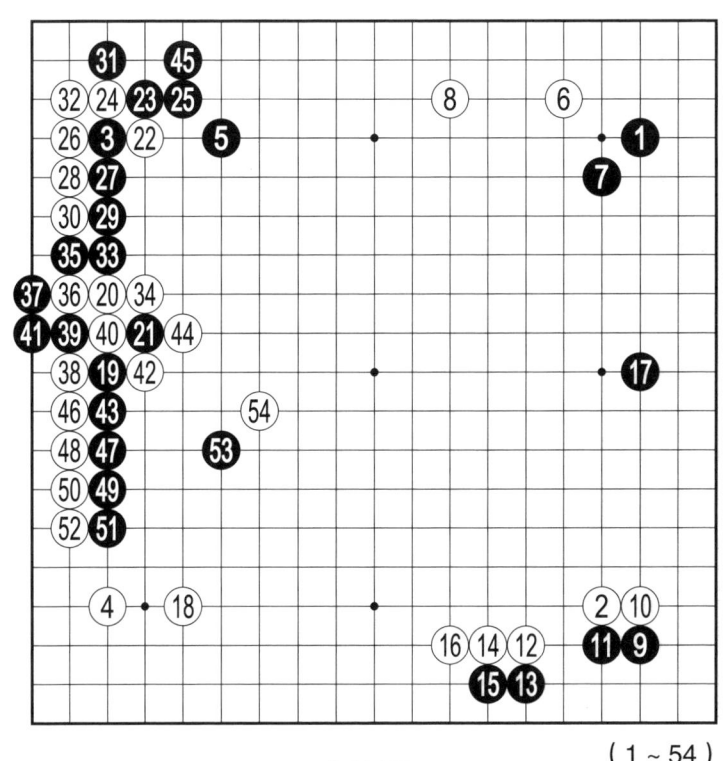

(1～54)

实战图 1

序盘至白 54，我们落子极快。这套布局我曾通过 AI 反复训练，甚至比赛前一天仍在复习，因此我对局势充满自信。然而，李轩豪九段仿佛早已洞悉我的所有准备，落子毫不迟疑。从黑 1 至白 54，我们几乎每一步都精准落在 AI 推荐的"蓝点"上。这盘棋充分体现了他作为"AI 时代深度学习型棋手"的实力，也展现了他研究的深度与扎实功底。

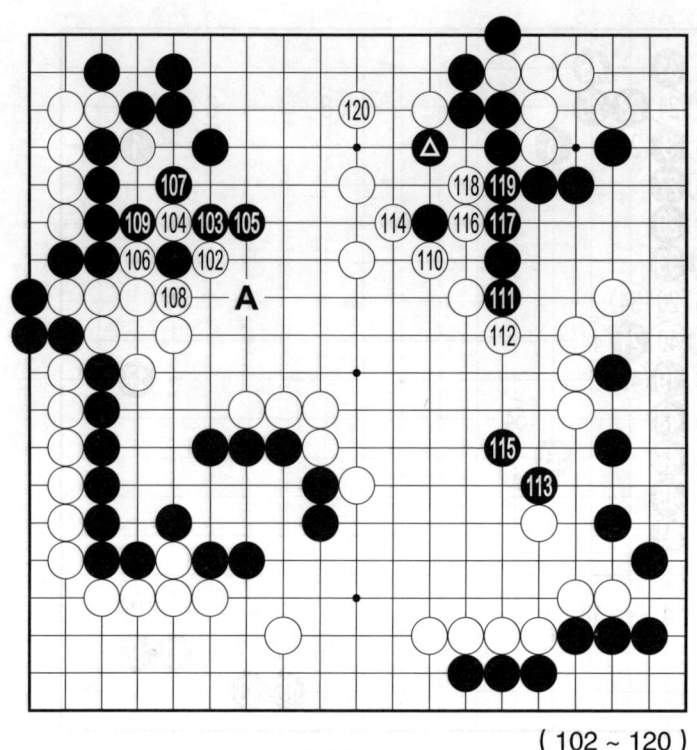

（102~120）
**实战图 2**

此前我一直认为形势尚可。直到实战图 2 中白 102 在中央一靠，巩固了白棋实地，这一手完全出乎我的意料。它落下的瞬间使我震惊不已。原以为白棋会在 A 位补一手稳固局部，没想到他以这步妙手让白棋中央大空骤然扩大。这是我完全未曾预料的一招——而这种出其不意的妙手，正是我对李轩豪九段最为忌惮之处。复盘时，我反思自己在上方的补棋是否过于保守，但懊悔已无济于事。

黑 103 扳后，白 104 立即断开，显然是精心设计的手段。我思考后，最终选择黑 105 长出。但事后复盘才发现实战黑 105 若如变化图所示，反而会更为妥当。

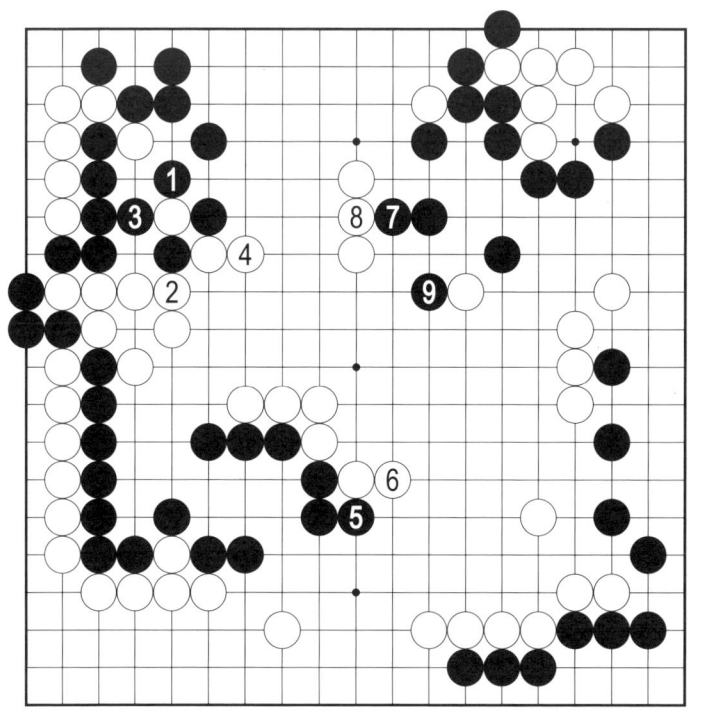

变化图

实战黑 105 若直接于变化图中黑 1、黑 3 吃掉白棋一子，我可抢得先手，继而以黑 5 拐后黑 9 靠出，削弱白棋中央的势力。

然而，实战中我未能抢到先手，白 110 封住中央后，局势开始明显倾向于白方。我试图以黑 113 强行靠入，但李轩豪九段应对冷静，白 114 虎，稳健而有力。黑 115 意图破坏白棋中央实地，然而白 118、白 120 精准反击，使黑棋陷入愈发不利的境地。这一系列应对充分展现了李轩豪九段敏锐的计算能力与卓越的胜负直觉。

之后，我多次尝试搅乱局面，但每一次都被李轩豪九段以稳健而准确的手法化解，始终未能扭转局势。这盘棋淋漓尽致地展现了李轩豪九段的棋风与真正实力。

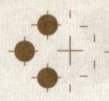

　　我希望有更多人能够了解围棋、喜欢围棋,把围棋视为一种轻松的兴趣爱好。如果有人因为阅读了本书或看到了一盘精彩的棋局,从而萌生对围棋的好奇,并在对弈中逐渐体会到其中蕴含的生活智慧,那将是让我感到最有意义的事。

## 从今天开始，下一盘棋吧

体育界有一种说法：许多在职业生涯中成绩斐然的运动员，转型为教练后却未必成功。原因在于，他们习以为常的事情，对其他人而言可能极其困难，而这种"差异"往往很难被察觉。

当我决定谈论围棋时，内心也有过类似的担忧：会不会因为自己身处围棋世界太久，反而不容易换位思考？自我记事起，围棋便伴我成长，它对我而言是如此自然，以至于我难以设想没有围棋的生活。而正因如此，我可能无法完全理解那些"对围棋无感"的人是怎样的心态。也许性格外向、喜欢户外活动的人会觉得围棋过于静态；也许不喜欢胜负或不喜欢复杂思考的人，会觉得它枯燥乏味。我只能如此猜测。

我真诚地希望有更多的人能从围棋中获得乐趣，但我并不指望每个人都成为围棋爱好者，那并不现实。我更希望围棋能够成为人们在选择兴趣爱好时可以自然想到的一种轻松选项。若它刚好与某个人的性格和兴趣相契合，那便是一种美妙的缘分。通过围棋，人们不仅可以体验智力的较量、情绪的管理，也可能因此对生活有所启发，那便更具意义。

围棋是一项历史悠久、备受喜爱的智力游戏，在东亚地区拥有深厚的文化积淀与广泛的群众基础，其背后的经济潜力也不容小觑。以我在第25届"农心杯"中战胜辛梓豪九段的那场比赛为例，有分析指出，仅那一场赛事便为韩国带来了约600亿韩元的经济效益，为中国带来了约1000亿韩元的经济效益，为全球带来了约2000亿韩元的经济效益。

我始终相信，围棋随时都有机会重焕辉煌，成为人们在各种场合都能轻松享受的游戏。曾几何时，电子游戏似乎取代了围棋等传统棋类，但近几年，桌游在年轻一代中重新流行，这正说明了此类游戏所具备的独特吸引力。或许有人觉得将围棋归类为"桌游"略显轻佻，但事实上，围棋确实是人类历史上最古老、最精致的桌面游戏之一。

围棋的魅力在于它既不浅薄，也不浮躁。相较之下，电脑或手机游戏有时需避人耳目，围棋自带一种沉静、优雅的氛围，让人沉浸其中，经久不衰。围棋的变化之多几近无穷，仿佛一个没有尽头的世界。而更难能可贵的是，它几乎没有门槛——只要学会规则，就可以马上上手，哪怕是通过网络对弈，也无须棋盘和棋子，只需一部手机便能开始对弈。

一个人一旦真正走入围棋的世界，便会逐渐体会到那种"忘我"的境界。古人有云："观棋忘年，斧柄已朽。"讲的是樵夫观看仙人下棋而忘记时间，等他回过神来，斧柄已朽，百年已过。围棋的魅力正在于此：它让人全神贯注地沉浸其中，投入本身就是一种极致的享受。

有研究指出，围棋对大脑发育有积极影响，这对许多家长来说无疑是个值得关注的亮点。但就我个人而言，并不希望用"提高智力"或"培养性格"这样的功能性标签去包装围棋。

的确，我在围棋学校时也发现，学棋的孩子大多性格沉稳。但这种沉稳究竟是本性使然，还是围棋训练的结果？这恐怕很难说清。有意思的是，很多围棋学校的孩子其实很调皮，而在演讲培训班，反倒大多是性格安静的孩子。围棋教室里经常热闹非凡，演讲班则异常安静——这一对比颇为耐人寻味。

与其把围棋当成一种"改善工具"，不如单纯享受它的乐趣。毕竟，选择兴趣爱好从来不是为了变得更聪明或改善性格，而是因为觉得好玩、能交朋友、能让人开心。如果希望更多人喜欢围棋，就该让他们知道：这是一项轻松、有趣、不需要高门槛的绝佳选择。

如果有一天我组建了家庭并有了孩子，我一定会教他们下围棋。

不是为了他们成为职业棋手，而是希望下围棋成为他们释放压力、享受片刻宁静的一种方式。当然，如果他们表现出非凡的天赋，那是另一个话题。但在我看来，除非他们自己真的有强烈的愿望，否则我不会主动引导他们走职业道路。

围棋难吗？如果目标是"下得很好"，当然难；但若只是"随便下下"，那再简单不过了。只需理解"谁占的地多谁赢"这个基本概念就能享受对弈的乐趣。围棋其实就像足球、棒球一样——懂得基本规则后，任何人都能轻松享受其乐趣。

我父亲经营的围棋教室，不仅是学棋的地方，更是街坊邻里聚会交流的场所。那时，人们热火朝天地对弈，结束后再小酌一杯米酒，成了那时生活的一部分。

如今，虽然大多数人选择在线上下棋，但面对面的对弈依旧有着无法替代的独特魅力。观察对手落子时的神情变化，作为旁观者强忍插话欲望的滑稽模样，这些都是线上对弈难以复制的趣味。如果围棋文化能够更普及，像围棋教室这样的地方也会越来越多，人们也能因此结交新朋友。

如果有机会，我想和所有围棋爱好者讨论一个问题："你为什么喜欢围棋？围棋带给你的快乐是什么？"愿每一个喜爱围棋的人，常常回顾这个问题，用自己的方式去表达和分享这份热爱。

那么，如果你想开始学围棋，最好的起点是什么？

学习围棋，最重要的是让过程轻松愉快。完全没有必要一开始就挑战19路全盘，模仿职业棋手的训练节奏。对于初学者而言，19路棋盘不仅复杂，而且一盘棋往往耗时较长，容易让人产生挫败感。从更小的棋盘入手，是更合理、更友好的起点。比如13路棋盘，甚至是9路棋盘都非常适合新手。这些小棋盘能在较短时间内完成一局完整对弈，让学习更轻松，也更容易体会到围棋的乐趣。包括韩国棋院在内的许多专业围棋机构，早已推出了适合初学者的9路棋盘套装、桌游版围棋和配套教材，帮助围棋初学者更顺利地迈出第一步，轻松享受围棋的魅力。

在围棋氛围日益浓厚的中国，各类网络围棋平台也在不断尝试加入游戏化元素，推出了许多新颖的手机应用。这些应用不仅提供对弈功能，还借助程序辅助教学，甚至在对局中设计了"机会卡"等道具，增添了对弈的娱乐性。围棋的本质既是游戏，也是竞技，只要围绕这一核心出发，它的玩法与表现形式就拥有无限可能。

有时，会有朋友告诉我，他们或他们的孩子因为看了我的比赛开始接触围棋。每当听到这样的故事，我都感到无比欣慰与骄傲。作为一名职业棋手，如果能在我力所能及的范围内，把围棋的乐趣传递给更多人，那将是我最愿意付出的事。

　　如果有一天，我也能像李昌镐前辈那样，为后辈棋手提供宝贵的经验，我一定会义无反顾地再次走上赛场。当然，我无法确定自己是否也能像他那样，超越胜负得失的束缚，为年轻棋手创造尽情发挥的舞台，展现真正的大气与从容。

## 让更多人共享围棋之乐

长时间专注于围棋的学习和研究，确实会让人身心俱疲。和许多同龄人一样，我也有自己的放松方式——那就是看 YouTube。随意点开一段推荐视频，不带任何目的地观看，是我为数不多的爱好之一，甚至可以说是我唯一真正的兴趣。

前不久，我在 YouTube 上刷到一段视频：拳王迈克·泰森和一位大约十岁的小女孩进行拳击练习。小女孩在得知对手竟是泰森后，先是一阵惊讶，随后兴奋地挥拳迎战。最后，她竟在"判定胜"中赢了泰森，喜悦之情溢于言表。

看到这段视频，我不禁想起了自己年少时的一段经历。13岁那年，我刚刚成为职业棋手，就在一场围棋推广活动中，迎来了与传奇棋手李昌镐九段的对局机会。与我一同参加活动的，还有当时同样备受关注的卞相壹和申旻埈。

对于年少的我来说，能与李昌镐九段这样的围棋巨匠同场竞技，是一种无与伦比的荣耀与激动。但也因为如此，我在与李昌镐九段对局时格外紧张，甚至因此引发了肠胃不适。

有趣的是，那场比赛中，我一反平时激进的棋风，罕见地展现出沉稳与理性的一面。也许是身体不适,也可能是面对"大前辈"所产生的无形压力,反而让我表现出冷静的一面。这到底是幸运,还是遗憾,我至今也说不清。

更出乎意料的是,我赢下了那盘对局(棋谱内容详见第 198~201 页)。赛后我用 AI 复盘才发现,自己在中盘阶段其实一直处于劣势。以李昌镐九段的实力,原本完全可以凭借强大的官子功夫稳稳收官,但他却在后半盘选择了复杂、多变的战斗下法。在持续交锋中,我侥幸获胜。

回顾那场比赛,我常常在想,也许李昌镐九段当时并不是单纯地追求胜负。他愿意与我们这些年轻棋手正面对局,也许正是为了给我们一个可以展现自我、在实践中成长的舞台。

如果有一天,我也能像他那样为年轻棋手创造一次难忘的经历,我愿随时重返赛场。只是,我不确定自己是否也能如他一般,不计胜负得失,为后辈搭建施展才华的舞台,展现真正的从容与大气。

近年来,"如今的韩国围棋界已不如从前"的声音屡见不鲜。

尽管我算是少数几位获得过高额奖金的职业棋手之一,但也常常感受到整个围棋行业在回报机制上的不足。并不是说奖金对我个人来说不够,而是如果连世界顶尖棋手的回报也仅此而已,那排名靠后的棋手所面临的现实就更加严峻了。

当然,我并不认为每个人都应获得完全相同的回报。但对于那些天赋出众、长期不懈努力的棋手,他们理应得到与之相匹配的回报。在围棋大赛中,单是进入本赛阶段,就意味着棋手经历了层层选拔和艰苦准备,付出了极大的心血。既然如此,即便未能最终夺冠,也应给予一定的奖励与肯定。但现实却是,许多比赛的奖金分配门槛过高,导致不少棋手即便拼尽全力，也可能一无所获，令人遗憾。

若想让围棋迎来真正的发展，我们就必须不断探索多元化的可能性。职业棋手专注于技艺精进当然重要，但更关键的是，要激发公众对围棋的兴趣，并为年轻棋手提供更多机会。

尽管围棋的本质是一对一的对抗，但有时也可以跳脱这种传统模式。例如"双人联棋"，由两位棋手组队轮流落子。这种形式虽然无法完全展现个人的技艺，但两人的棋力差距与风格差异以及相互间的配合默契程度，往往能诞生意想不到的妙手，带来别样的趣味。

在围棋中，还有一种常见的互动方式叫"多面打"——即一位职业棋手同时与多名对手对弈。围棋是一项讲究专注力的个人竞技，但当双方实力差距较大时，一对多的形式完全可行。其他体育项目即便是世界冠军也难以同时对抗多人，而围棋却具备这种独特的交流方式。

我也常应企业或地方政府的邀请，以多面打的方式与棋迷面对面交流。每次活动中，我会与两三位、甚至五六位棋迷同时对弈。我在各个棋盘间来回穿梭，逐一落子，看到他们因能与我对局而难掩激动，我也会全力以赴。我从不轻视每一局棋，因为认真对弈、毫无保留，才是对他们真正的尊重。

除此之外，我还曾参加围棋节、脱口秀、签名会等形式多样的围棋相关的活动。作为一项室内竞技，围棋原本并不擅长制造"热闹"，而这些面对面的交流，让我更真切地感受到棋迷的热情，也成为我珍贵的回忆。

说到曾经轰动围棋界的赛事，很多人至今仍记得2014年李世石九段与古力九段的"十番棋"对决。所谓"十番棋"，是指两位棋手在短时间内展开十局对抗，以先赢六局者为胜。这不仅是技艺的较量，更是一场关于尊严与信念的殊死对抗。

我直到多年后才真正领会这场赛事的意义。"十番棋"这种古老的赛制，在当时已近60年未曾出现，而对战双方又是中韩棋坛的最强代表，自然引发了空前关注。

类似的高关注赛事带来的连锁效应远超常人想象。例如李世石九段对战 AlphaGo 的"人机大战"，引爆了全球媒体。从 YouTube 到各大电视台，解说员、职业棋手走进演播室实时讲解，头条新闻连番播出，不仅席卷韩国，也在全球范围引发热议。那一刻，围棋真正站上了世界舞台，迎来了前所未有的"高光时刻"。

如果有机会，我并不排斥参与电视节目的录制。李世石九段之后，很少有职业棋手频繁出现在综艺节目中。2020年，我曾受邀参与综艺"You Quiz on the Block"。那次经历让我印象深刻。当时，崔精九段因是刘在石的粉丝，主动提出同行，于是我们一起录制节目。四个小时的畅聊最终被剪辑成几段精彩片段。节目播出后，我忍不住打趣："崔精的综艺感简直是九段级别。"整个录制过程轻松愉快，唯一的遗憾是，我因紧张错过了与曹世镐合影的机会。

围棋的推广方式有很多，持续创作围棋相关内容，本身就是一种有效的途径。近年来，围棋题材的影视作品层出不穷。我小时候深受《棋魂》的影响，后来又陆续看过《未生》《请回答1988》等电视剧，《神之一手》等电影也在大众文化中为围棋留下了深刻的印记。甚至在《黑暗荣耀》等热播剧中也出现了围棋的元素。而围棋题材的网络漫画更是不断更新，为围棋打开了更广阔的传播空间。

《棋魂》是一部在 21 世纪初于日本播出的动画，讲述主角一步步挑战围棋强敌，最终成长为顶尖棋手的故事。据长辈回忆，我小时候几乎不看电视，唯独会守在电视机前准时收看《棋魂》。他们还说，我曾满怀豪情地宣称，自己也要像主角进藤光那样，成为世界围棋冠军。只不过，这些童年的豪言壮语，我自己已经记不太清了。

　　围棋不只是竞技，更是一种深入人心的文化象征。许多与围棋相关的典故与名言，早已融入我们的日常生活中。而李昌镐九段、李世石九段等传奇棋手的光辉战绩，更为围棋题材的作品不断注入灵感。从个人的角度来看，以李昌镐为原型的角色早已屡见不鲜。那么，是否也该轮到李世石九段登场了？仅他与 AlphaGo 的那场世纪对决，就足以被改编为一部震撼人心的电影。

　　想到这里，我也忍不住展开联想——如果有一天，我也能像这些前辈棋手一样，拥有一段激励人心的故事，塑造出属于自己的独特形象，甚至成为电影、电视剧或漫画中的原型人物，那一定是件妙趣横生的事。

　　在过去的媒体作品中，围棋棋手常常被刻画为如李昌镐九段那般沉稳、内敛、温文尔雅的形象。但其实，今天的职业棋手们风格多样，个性鲜明。如果能有一部作品真实呈现当代棋手们的多面性与独特风采，想必一定会令人耳目一新。

　　无论如何，只要围棋题材的内容不断丰富，形式更加多元，让围棋这项古老的游戏变得更易亲近、更加有趣，那将是令人期待的美好未来。

# 李昌镐 vs 申真谞
## ——首次对局

## 2013 英才巅峰对决

**黑** 申真谞 初段　　　　　**白** 李昌镐 九段

比赛时间：2013 年 1 月 11 日
比赛用时：每方 1 小时，1 次 60 秒读秒，贴 6 目半
比赛结果：共 179 手，黑中盘胜

### 亮点解析

2013 年，我受邀参加一场围棋交流活动，有幸与李昌镐九段对弈。作为围棋界的传奇人物，李昌镐九段的职业生涯共获得 140 个冠军头衔，是我心中的偶像。能与他亲自对局，对我而言是莫大的荣幸。那年我仅 13 岁，刚刚晋升为职业棋手，严格来说，还只是个围棋新生。面对平日敬仰的大棋士，我既紧张又兴奋，希望能全力以赴，从这场对局中尽可能多地学些东西。

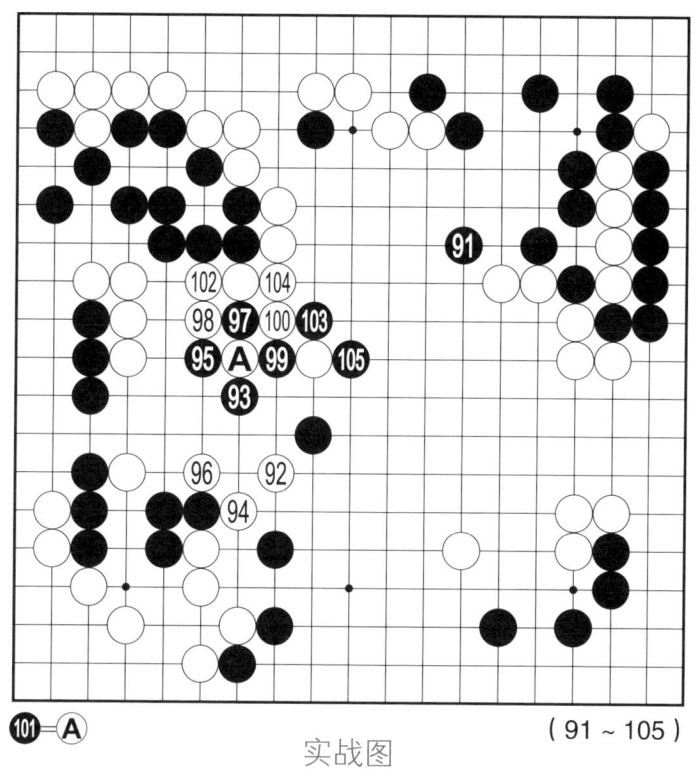

实战图　　　　　　　　（91～105）

当黑91在中央跳时，白棋在中央的厚势对黑棋构成威胁，局势对白棋更为有利。AI分析认为，白棋的最优应对是变化图中的A位封锁，既稳固自身实地，又伺机分断黑棋；或选择B位小尖，削弱黑棋下方地盘。总体而言，白棋形势占优，更何况李昌镐九段擅于化厚势为实地，他不可能未察觉到这些变化。但实战中，他选择了白92分断——一个令局势骤然复杂化的决断。那一刻，我不禁暗想："他是在考验我吗？"

我知道，机会来了。我毫不犹豫地以黑93靠展开攻势。面对白94、白96的应对，我以黑95、黑97果断应战，持续施压。至黑105，我成功吃掉白棋一子，借此巩固自身厚势，而白棋中央的厚势已荡然无存。从那一刻起，局势开始向黑方倾斜。

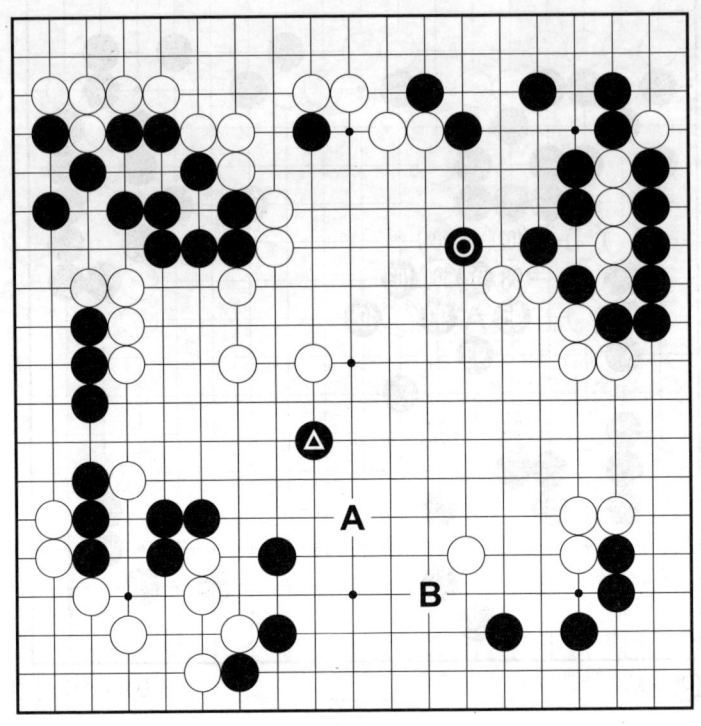

变化图

随后，白棋对中央黑棋发起猛攻，意欲围歼黑棋的大龙。然而，黑棋棋形灵活，最终化险为夷。更关键的是，在突围过程中，我顺势破坏了白棋中央的实地，形势彻底逆转。最终，黑棋顺利获胜。

回顾当时的局势，其实白棋无须将局面复杂化。李昌镐九段完全可选择稳妥下法，平稳收官。或许，他有意避开简单路线，为年少的我提供一个施展才华的机会。

当然，面对刚入段的新秀，老师自然不会全力以赴。但即便如此，能战胜我最敬仰的传奇棋手李昌镐九段，对年少的我而言，仍是意义非凡的一战。这盘棋成为我职业生涯初期树立信心的重要起点。

李昌镐九段 vs 申真谞初段 对局现场

## 伍

## 我想成为一枚指南针

我更希望传递的是棋手应秉持的对围棋本质的坚守,这才是真正的价值所在。

## 我想成为一枚指南针

作为职业棋手,我始终有一个愿望:当我的职业生涯画上句点时,我走过的道路,能给后来者鼓励,给予他们力量,也能在他们迷茫或处于低谷时,带来一丝慰藉。我并非天赋异禀,并不具备李昌镐九段那样近乎天生的围棋才能。多年来,我靠着反复的磨炼克服性格上的急躁,才一步步走到今天。如果我的故事能在某一刻点亮他人的旅程,那将是我最大的荣耀。

那么,我想传递的方向究竟是什么呢?我认为它不应只是围棋技艺的传授。在 AI 已然成为最优秀的"围棋老师"的时代,我更希望传递的是棋手应秉持的对围棋本质的坚守,这才是真正的价值所在。

我曾听一位习武者说:"几分钟的实战对练,比漫长的交流更能加深理解。"作为棋手,我对此感同身受。

围棋是一项需要长时间对坐却极少言语的比赛。尽管沉默,但你能清晰地感受到对手情绪的变化——喜悦、苦恼、挣扎,甚至愤怒与恐惧。很多人不知道,棋盘其实并非标准的正方形,而是纵向稍长的矩形:42 厘米宽,45 厘米长。对弈双方就座时,彼此相隔的正是这 45 厘米的距离——据说,这是最容易让人产生亲近感的心理距离。或许正因如此，每一盘棋都是一场无声的心灵交流。纵使胜负分明，那种情绪与意志的交融，也是真实而深刻的。

"复盘"便是围棋文化中对这种交流的延续。对局结束后，棋手们往往会一起反思、总结，探讨每手棋的得失。这种讨论并非为了归责，而是为了在下一局中变得更强。这一过程对外行人而言或许陌生，却是围棋精神的精髓所在。

我希望热爱围棋的人，除了享受网络对弈的便利，也能享受面对面的交锋，坐在棋盘两端，体会"手谈"的真正含义。那种只有在现场才能感受到的共鸣，是任何网络平台都难以替代的。

只要围棋的竞技形式不变，职业棋手就必须面对棋盘前的情绪波动。小时候，我在网络上对弈表现稳定，但在正式比赛中却频频失常，原因在于，围棋不是一场纯粹的技术比拼，它更是一场人与人之间的较量。

在网络上对弈，你无法感知对手的态度与情绪，也能轻松掩藏自己的不安与失误。但在现实对局中，空气的流动对手的神情、落子的节奏，每一处细节都可能传递着情绪。有时一手棋落得果断如斩，有时却迟疑如困。棋手通过每一局对弈，不只是招法的碰撞，也是在交换内心的感受与能量。

"围棋是一项讲究礼仪的'礼道之棋'。"从小，父亲与师长便如此教导我。但对某些人而言，围棋仅是娱乐游戏，"讲礼"反倒成了某种束缚。年少时的我也曾这样觉得。

如今我却认为，围棋的礼仪并非人为设置的壁垒，亦非围棋独有的陈旧传统。任何竞技项目都有其推崇的"体育精神"。体育精神告诉我们，唯有在尊重对手、尊重比赛的基础上，竞技的价值才能真正彰显。

围棋的礼仪，正是体育精神的重要体现。、

这一点，在与棋迷的互动中尤为明显。棋迷当然希望我赢棋，但他们绝不愿看到缺乏风度的胜利。我记得，自己年少时曾因举止轻率，令不少支持我的人失望。

2023年韩国围甲联赛中我的一局棋常被棋迷提起。对局中，对手在读秒压力下匆忙落子，不慎失手，棋子未落在原本想放的位置上。按照规则，围棋一旦落子便不可悔棋，否则将被判负。

我察觉到对手的慌张，通过眼神确认他的意图后，帮他将棋子移至原本想落的位置。随后，比赛如常继续，仿佛什么都没发生。这不是什么壮举，却代表了我对对手的尊重。在一盘棋中，若能彼此给予这样的关照与尊重，棋迷将收获更多感动，围棋的魅力也会因此更加深远而持久。

作为职业棋手，我常被拿来与同龄的其他领域的代表性人物比较。其中，电子竞技选手"Faker"李相赫曾说："我最终追求的是，通过游戏带给更多人正向的影响。对我来说，没有比这更重要的事，所以我才会不断努力。如果我的竞技状态能激励支持我的人，那作为一项运动，这便是它最重要的意义。"这句话我至今难忘。

对志在顶峰的职业棋手而言，理解围棋的礼道与体育精神，并将其融入到对围棋的理解中，是成长的必经之路。我曾因领悟太晚而付出过代价，希望后来者可以少走弯路。

坦白说，我不擅长教人，也无意把"教育"当作使命。也许是因为我的成长中多靠自学，我始终认为"悟"是通向成熟的必经之路。

但若遇到才华出众的年轻棋手，我愿以AI为基准，为他指出更高效、更精准的成长路径。如果对方的水平与我相当，甚至有望超越我，那我也会乐于助他一臂之力。见证一个真正的潜力新秀成长，是令人振奋的事。

　　培养后辈并非我当前的首要任务。如今的我，更希望像李昌镐九段、李世石九段那样，以自己的行动，践行职业棋手的榜样价值。这不是什么宏大使命，而是作为棋手应走的一条正道。

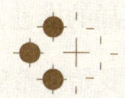

　　围棋术语中的"着手",既代表在棋盘上落子,也象征着一段旅程的开启。在围棋中,我的每一步着手,都是在探寻通往胜利的路径。人生亦然,如果能以下棋时的专注与沉稳面对人生,定能找到属于自己的方向。

### 没有围棋，我会是谁？

每一次"着手"，不仅是棋局的推进，更是对人生方向的探索。无论是在对局中，还是在棋局之外，我始终希望保持同样的态度——专注、坚定、不惧挑战。

职业棋手的人生往往伴随着早熟与早衰，我也不例外。刚学会韩文不久就接触围棋，十几岁便成为职业棋手，二十岁出头便迎来职业生涯巅峰。那时的我，过着异常忙碌的生活。

在外人眼中，我也许是年少成名、前途无量的"天才棋手"，拥有代表国家出战的荣耀，收获了许多人一生都难以企及的成就。但这些光环，仅属于棋盘上的我。

而在棋盘之外，我始终面对着一道无解的问题：如果没有围棋，我能凭什么立足于社会？

仅凭围棋实力，远不足以在社会中立足。从小专注围棋训练的我，在生活的许多方面仍显稚嫩。社交经验有限，过于依赖父母，社交能力不免有所欠缺。用成年人的标准来看，我确实还有许多不成熟。

我的青春期几乎是在网络围棋对弈中度过。下棋时，我常与匿名对手聊天，但那些对话多半浅薄，甚至失控。对手输棋时会情绪激动、言语失当，我也常不甘示弱，针锋相对，这样的行为曾被父亲严厉责骂。

在网络围棋对弈中，最理智的做法当然是关闭聊天窗口。但年少气盛的我，总不甘在任何事情上"认输"。即使知道对方是在挑衅，我也常忍不住反击。这样的争执，非但无益，反而让我困于幼稚的情绪之中。

有人问我，是否遗憾错过校园生活，如今的我，已不再感到遗憾。为了成为职业棋手，我早早放弃了常规的求学之路。而且，我习惯晚睡晚起，若每天按时上学，对我而言也是种折磨。我整日沉浸在围棋的世界中，难以想象自己能否适应校园生活。

若有一天我离开棋坛，以普通"社会人申真谞"的身份生活，未曾上学的经历或许会让我感到一丝缺憾。那段多数人共有的青春，我从未体验过，因此也少了很多与他人产生共鸣的机会。

我从釜山搬到首尔时，甚至不会独自乘坐地铁。前往棋院经常需要父母接送，因为我完全不了解地铁线路，这也常被哥哥们调侃。而有趣的是，因在中韩之间频繁往返，我居然先学会了一个人坐飞机，却迟迟不会一个人搭地铁。这大概也是种"非常规"的成长。

我的青春期来得比别人晚。别人小学就开始有的叛逆情绪，我大约到十七岁才逐渐显现。我的所谓"叛逆"，也不过是偶尔偷跑去网吧打游戏，而非专心下棋。相比那些情感澎湃的青春故事，我的"叛逆"甚至称得上温和。

我曾沉迷的游戏是"星际争霸"。后来才知道，李昌镐九段也常去游戏厅解压，李世石九段等不少职业棋手也迷过这款游戏——我们甚至都钟情于游戏中的同一个种族：神族。我时常想，职业电竞选手与职业棋手有很多相通之处。不论是棋盘上还是游戏世界中，赢得胜利都需要极致的专注力和强烈的胜负心。

那段热衷游戏的日子,我曾担心自己会像沉迷围棋般陷入"星际争霸"。于是,当朋友们都在玩"英雄联盟"时,我索性选择不去接触。幸运的是,我的游戏水平远不如围棋,这让我得以轻松抽身。

尽管偶尔会走点"岔路",但青春期的我已是职业棋手,正值打造职业生涯的关键时刻,几乎没有真正叛逆的空间。我性格中"非赢不可"的驱动力,让我硬生生压下了本该经历的混乱与冲突。

于是,在还未真正体验"正常人生"的情况下,我便以惊人的速度登上了"围棋联赛最年轻主将""职业棋手世界排名第一"等位置。

我的人生节奏仿佛被切割成两种极端:某些部分推进得飞快,令人目不暇接;而另一些部分,却迟滞不前,甚至还停留在起点。有些经验似乎中年人更适合拥有,而在某些方面,我的成熟度甚至不及许多十几岁的少年。年幼时我对此毫无察觉,如今回望,才渐渐意识到人生的"速度感"同样重要。

我的目标仍是成为世界最顶尖的围棋棋手,但我也清楚,这个位置不会永久属于我。尽管"退役"尚早,但偶尔回顾过去,不免感叹时光飞逝。也许哪天不经意间,我就开始了围棋职业生涯的倒计时。

当然,也有不少前辈如李昌镐九段,即使过了巅峰期,仍活跃在棋坛。但当我设想未来的自己时,隐隐觉得总有一天,我会离开棋界,尝试做一些与围棋截然不同的事情。可能因为从小只学围棋,继续这条路看似最自然;也正因如此,我心里总想去弥补那些从未拥有过的经历。至于具体会去做什么,我还没有答案。比如回学校读书,以我现在的年纪,似乎也不太现实。但我知道,我会去寻找那份缺失的"平衡"。

我曾尝试流行的 MBTI 性格测试，结果显示我是 ISTP 型。翻看性格描述时，感觉大致贴合我的个性：个人主义、固执、有点冷淡。其中有一句让我印象尤深："这种类型常拥有艺术方面的天赋。"我并不认为自己有什么艺术天分，但对一些艺术领域，确实抱有浓厚兴趣。

比如音乐，我喜欢听独立音乐人，比如 Nerd Connection、白艺潾、Giriboy、Beenzino，他们的作品风格独特，深得我心。我会把喜欢的歌单一遍遍循环。

让我自己也有些意外的是，我对时尚也颇有兴趣。我的 YouTube 为数不多的订阅列表中，竟然包括"Fit the Size"这样的穿搭频道。我享受自己选衣服、搭配风格、逛网店选购的过程。对我来说，是我在日复一日的围棋生活中短暂放空、缓解压力的方式，它帮我从一成不变的围棋节奏中短暂抽离，获得喘息和轻松。

当然，音乐与时尚对我而言仅是兴趣，顶多算是生活中的点缀。

若将"围棋"从我的人生抽离，"我"会是谁？这个问题让我既惶恐又好奇。或许，答案比想象中更有趣也更复杂。

我现在还无法描绘未来的模样，但有一点我无比确定：在遥远的将来，我希望成为一个真正成熟、善良、值得信赖的人。

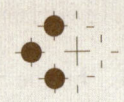

  一名职业棋手的成长,离不开极度的专注,也离不开身边人的牺牲与付出,我的经历亦是如此。在无法掌控的"天赋"上倾尽全力,本身就是一种孤注一掷的冒险。

## 尽我所能，回报所得

围棋，本质上是一项高度个人化的竞技。无论在历史上还是当下，它始终是人与人之间的智力对决。即便在以团队为单位的围棋比赛中，也不允许口头提示或任何形式的协助——每一盘棋，仍是个体与个体之间的较量。围棋团体赛只是将个人的胜负汇总为团队的积分。这与足球、棒球那种密切协作的团队感，有本质区别。

因此，职业棋手通常显得格外"个人主义"，也可说这是理所当然的。一个无法理解孤独、无法享受甚至驾驭孤独的人，怎能成长为真正的职业棋手？尽管我在棋盘之外获得过许多帮助，但每一场胜负，最终都只能由我独自面对。

然而，随着世界排名的提升、冠军头衔的渐增，我开始意识到，围棋这条路不能只为自己而走。我渴望将从围棋中获得的荣光与他人分享，哪怕只是一小部分。

相比个人赛，团体赛让我感受到更强大的力量。在个人赛中，情绪常常随胜负波动；但在团体赛中，那种"我们"的责任感让我时刻保持清醒与专注。这种责任并不沉重，反而带来一种安心的踏实感。

这种思维上的转变，与家人，特别是父亲的影响密不可分。他总以各种方式向我传递他的信念——分享、给予、体谅他人。他一直相信我终将成为顶尖棋手，也时常提醒我："即便你有朝一日登上巅峰，也要始终秉持这样的生活态度。"

我童年时，父亲在釜山经营一家颇具规模的围棋教室，正值李昌镐九段掀起围棋热潮，学生众多，教室一度有上百人。那几年，父亲虽忙碌不堪，家中却也因此颇为宽裕。

后来，为了我能接受更好的训练，我们举家迁往首尔。这对父亲来说并不容易。他在釜山经营多年，那里是他事业的根基；而搬到首尔，意味着一切归零、重新开始。

在首尔，我们的生活条件远不如过去。父亲专心照顾我，母亲则承担起家中的经济重任。她每天工作十小时，却从未流露一丝疲惫。而那时的我，只是个沉浸在围棋中的孩子，甚至不知道母亲究竟做着怎样的工作，经历着怎样的辛劳。

这些记忆，是我成年后才逐渐拼凑出来的。年幼的我只专注下棋，几乎对家里的经济状况一无所知。无论是釜山还是首尔，父母始终用沉默与支持，为我遮挡现实的风雨。

我哥哥比我早熟，也更早踏入社会。他或许比我更清楚家中的真实境况。作为长子，他可能承担了很多我从未察觉的压力，但他从不曾让我感受到任何负担。

父母会不会觉得辛苦？我想肯定会。即使他们从未抱怨一句，但沉默并不意味着轻松。

一名职业棋手的成长，离不开极度的专注，也离不开身边人的牺牲与付出，我的经历亦是如此。在无法掌控的"天赋"上倾尽全力，本身就是种孤注一掷的冒险。

而父亲之所以常教我要照顾弱者、体恤同行，大概是因为他深知这条路的艰辛。他知道那种"明知无望，却仍不放弃"的痛楚，也懂得身处困境时，一点点善意能成为继续前行的动力。

如今，我设立了围棋奖学金，持续向弱势群体提供支持。我也时常向"绿伞儿童基金会"、父亲的故乡——庆尚南道南海郡，以及我担任宣传大使的陕川郡、韩国棋院等捐款。

若能将家人给予我的温暖，哪怕只是一点点回馈给需要它的人，我便由衷欣慰。我也想再次感谢父亲，是他让我明白，分享本身就是一种幸福。

# 后 记

## 直到与"围棋之神"击掌的那一天

　　写下这些文字，回顾自己走过的路，对我而言是一种全新的体验。就像在旅途中，哪怕拍下再多照片，也难以完整留住那段旅程的全貌，写书亦然。人生由无数片段拼接而成，而书中只能挑选几个瞬间作为有代表性的"快照"呈现。因此，当我完成这本书时，心中竟泛起一种淡淡的遗憾：这本书，就像我亲手下的一盘还略显稚嫩的棋局。

　　写作的过程让我逐渐明白，人生并不像棋局那样可以被清晰地整理。人与人之间的交流，是一种在不完美中寻找理解的过程，并在这份不完美中携手前行。

　　我的人生表面上看似一帆风顺。年幼时被称为"神童"，少年成名，一路连胜登顶。但在这些荣耀背后，我也曾无数次想要逃避，也曾被失败与悔恨折磨得无法呼吸。密集的对局节奏几度让我感到濒临崩溃。我想通过这本书传达这样一个声音：只要不被情绪彻底压垮，只要还能一步一步向前，就终有可能抵达理想的彼岸。

　　那些苦难，并不是需要刻意忘却或隐藏的"阴影"。正是那些不完美的时刻——深夜的失眠、不安，以及想要变得更好的渴望，塑造了今天的我。

　　至今，我仍然觉得自己的棋艺不够好，哪怕曾登顶世界第一，我也从未真正感到满足。失败仍在继续，AI依然强大，我也依旧会犯错、受情绪左右，但我知道，我必须继续向前。

我喜欢将围棋钻研称为"学习",而不是"训练"或"练习"。虽然这些词没有问题,但"学习"更贴近围棋的本质。它不仅是坐在棋盘前思考的过程,更是一场持续探索的旅程,是棋手一次次向未知却令人神往的领域靠近的过程。这就是职业棋手的日常。

AI出现后,很多人担心围棋会变得千篇一律。最初我也有这种疑虑。当我第一次接触以AlphaGo为代表的围棋AI时,发现它的思路与我们传统认知的差异极大,让人一时难以适应。

然而,经过几年时间,我逐渐摸索出属于自己的学习方式。我开始意识到,人类有人类的围棋,AI有AI的围棋。如今的围棋,正处在人类智慧与AI计算力交汇的时代,而我们正身处其间。我们正迈向一个与AI和谐共处的围棋时代。

在围棋这个以胜负为王的世界里,唯有更深入地思考、更精准地寻找围棋学习的交集,才能不断前行。如今的围棋,越来越倾向于将AI算法与人类的直觉和应变能力相结合的主流模式。虽然发现、验证并创造这些"解法"的过程很艰辛,却充满乐趣。而这,也正是我儿时学棋时所感受到的那份兴奋——探索与创造交织的乐趣。

当然,学习并不总是愉快的。我和所有人一样,需要不断与内心的懒惰、妥协和杂念搏斗。我靠兴趣、胜负心、责任感来驱动自己,去面对每一个需要超越的时刻,才一步步走到今天。

从小时候起,每天早上醒来,我都会在心里默念:"今天要比昨天更强。"这句简单的自我提醒,我已重复了成千上万次。"要更专注一点,更冷静一点,不要被情绪左右。"这些话未必每次都能做到,但只要我还有立下决心的能力,我就坚信自己还能更进一步。

我不知道自己是否终有一天能下出理想中的围棋。那种棋或许属于"围棋之神"，是连 AI 都尚未企及的境界。虽然 AI 目前遥遥领先，但包括我在内的棋手仍在奋力追赶。即使最终无法成为"围棋之神"，若能与它击掌为盟，也足以无憾。

我尽量不去眺望太远的未来。就像过去一样，对我而言，最重要的胜负永远是"下一盘棋"的胜负。我想一盘一盘地积累，一局一局地突破，拼尽全力，奔向我所能达到的最远之地。